出る順ゼッタイ基礎の512語

TOEIC® TEST
英単語
超入門編

霜村　和久
Shimomura Kazuhisa

Jリサーチ出版

TOEIC is a registered trademark of Educational Testing Service (ETS).
This publication is not endorsed or approved by ETS.

はじめに

『TOEIC® TEST 英単語 超入門編』は、TOEICを受験しなければならない、または、受験したいけど、基礎的な語彙力がなくて困っているという方々のための本です。

この本は企業内TOEIC研修の現場から生まれました。近ごろ、全社員に一定以上の英語力を求める企業が増え、「できる人だけがさらに英語力を伸ばせばいい」というそれまでの考え方が少数派になりつつあります。そうした中、200～300点レベル対象のクラスも次々と開講されるようになりましたが、市販の教材ではレベルが高すぎたため、補助的な英単語本が必要になってきました。

そこで、次の点を考慮し、新たに初級者向け語彙力強化教材としてまとめることにしました。

❖ 単語数を512語に絞る

はじめの一歩として「まずはこれだけ覚えておきたい」単語を選定しました。

❖ 例文は短く、さらに、ビジネス関連中心の内容とする

意味を理解するのに多くの労力を割かれないように、例文を各単語の使い方がわかる最低限の長さにしました。また、ビジネスを行う上でそのまま使える内容となっています。

❖ 同じ例文を使った練習問題で復習する

　受講生が過度な負担を感じることなく効率的に復習できるよう、学習した例文を使った練習問題をつけました。

　幸いなことに、こうした方針が多くの支持を得て、これまでに1,000人を超える方々にご利用いただきました。企業研修の現場からの声を10〜11ページに掲載してありますのでご参考にされてください。いわゆる「実証済み」の基礎英単語リストだということがおわかりいただけると思います。その企業研修向け教材を、より多くの方々にお使いいただくために、内容を一部修正し、仕立て上げたのが本書です。

　基礎の基礎からやり直したい方は、まずここから始めてみてはどうでしょうか。そして、本書を踏み台に、次のステップへと向かっていきましょう。

　最後に、本書を執筆するにあたり、企業研修を担当させていただき、さらに、多くの有益な情報をいただきました有限会社エムズサポートの吉田光男社長に心より感謝いたします。

霜村和久

Contents
目次

- はじめに ……………………………………… 2
- ゼッタイ基礎単語攻略法 ……………………… 6
- 企業研修での実績・受講者の声 ……………… 10
- 本書の利用法 …………………………………… 12

第1章 名詞
- Level 1　超重要基礎単語 ……… 16
- Level 2　超基礎単語 …………… 34
- Level 3　基礎単語 ……………… 50

コラム 単語学習のコツ Part 1 ……………… 60

第2章 動詞
- Level 1　超重要基礎単語 ……… 62
- Level 2　超基礎単語 …………… 72
- Level 3　基礎単語 ……………… 82

コラム 単語学習のコツ Part 2 ……………… 86

第3章 形容詞・副詞

- Level 1　超重要基礎単語 ……… 88
- Level 2　超基礎単語 ……………… 96
- Level 3　基礎単語 ………………… 104

コラム 単語学習のコツ Part 3 ……… 108

第4章 イディオム

- Level 1　超重要基礎単語 ……… 110
- Level 2　超基礎単語 ……………… 118
- Level 3　基礎単語 ………………… 126

コラム 単語学習のコツ Part 4 ……… 128

INDEX ……………………………………………… 129
（別冊）練習問題集

ゼッタイ基礎単語攻略法

● 超基本単語とは

　TOEIC 200～300点台の方々にとって、まずこれだけは必ず覚えておきたい単語が、本書に掲載されている超基本単語です。TOEICのみならず、実社会で日ごろ何度も出てくる単語ばかりを集めました。

　「英文を読んだり聞いたりしたとき、知らない単語が出てきたら、前後関係から推測しましょう」と言われます。しかし、超基本単語を知らなければ、見るもの聞くもの、すべてが未知の単語ばかりで、推測のしようもありません。

　そうした「これを知らなきゃ始まらない」レベルの単語を、きちんと覚え、その用法を理解することが、みなさんの英語力の土台を作ります。

　ただし、いくら初級者向けとは言え、中学英語レベルの語彙だけでは、実社会で太刀打ちできません。これまで一度も見たことがなかった単語もあるでしょう。単語選定の基準は、社会人が英語を使ってコミュニケーションをとるために最低限知っておかなければならないかどうか。1語も漏らさず、自分のものにしていけば、次のレベルへとすんなりと進むことができます。

超基本単語を身につけるための心構え

1 訳語だけでなく、例文で使い方を学ぶ

　単語とその訳語だけを覚えるのは、白飯だけを食べているようなもので、バランスに欠けます。どんな単語も、前後の単語とともにはじめて意味を成すものですから、どのように使われるかを必ず例文で確認してください。(128ページ参照)

2 いったん覚えたら少し時間を置く

　試験直前につめこんだはずのことを、解答用紙が配られた瞬間に思い出せなくなったという経験をお持ちの方も多いでしょう。それは自分のものになっていないからです。

　単語をいくつか覚えたら、数時間後に復習するといいでしょう。すぐに復習しても、記憶にしっかりと定着したかどうか定かではありません。寝る前に覚えて、翌朝起きたときに確認してみるというのも効果的です。

3 忘れてもがっかりしない

　忘れるのは人の常です。特徴と言ってもいいかもしれません。ですから、覚えた単語を思い出せなくても、落胆せず、もう一度覚えてください。がっかりして、そこでやめてしまうのが一番よくないことです。

● 効果的な勉強方法

STEP 1 読んで、聞いて、書いて、話す

　仕込みの段階です。まず、見出し語と例文の英語と和訳を読み、内容を理解します。

　次に、テキストを見ながらCDを聞いてください。音が記憶を強化します。ただし、単に文字を追うだけではなく、意味を確認しながら聞くことが大事です。

　その後、単語と例文を書いてみます。このとき、1字1字、または、1語1語写すのではなく、単語なら単語全体を、例文なら数語ずつ頭に入れてから書いてください。

　そして、自分で声に出して読んでみます。発音がわからない場合はCDの音声を参考にしましょう。

STEP 2 練習問題を解く

　理解や記憶を確かめるために、練習問題に移ります。何度も繰り返して使えるよう、答えはテキストではなくノートなどに書くといいでしょう。間違えた問題は、できるまでやり直します。

　また、数日後に、選択肢を見ないで空欄が埋められるかどうか試してみるのも効果的です。このとき、つづりまで正確に再生できるように心がけましょう。

Introduction

STEP 3 ディクテーションをする

　CDをかけ、何も見ずに例文を書き取ります。必要に応じて、一時停止したり、戻したりしても結構です。1回で聞き取れなくても、すぐに英文を見てはいけません。この練習では、10回、20回と繰り返し聞くことが効果をもたらします。最後に答え合わせをし、間違えた箇所については、もう一度CDで音声と文字の関係を確認しましょう。

STEP 4　例文の音読練習をする

　ここでは、1ページ単位で音読の練習をします。

　まず、自分のペースで、つかえずに読めるまで練習します。どうしても言いづらい箇所は、そこだけ集中的に読んでみます。

　次に、ストップウォッチなどで読むのに要した時間を測ります。5回ほど繰り返すと、最初に読んだときとはかなり時間が縮まっているのがわかります。なめらかに言えるということは、それだけその単語と密接な関係になったことの証明です。ただし、意味もわからずに読んでいてもまったく効果はありませんので、気をつけましょう。

　最後に、CDと一緒に読んでみます。アクセントやイントネーションも同じように読めれば合格です。

企業研修での実績・受講者の声

TOEIC 200～300点台を対象とした企業研修の現場で、受講生、研修部担当者、担当TOEIC講師から次のようなご意見やご感想をいただきました。

本教材導入前

- 市販の単語集は、顧客層を広く取り、どちらかというと英語が得意な人向けであり、単語数が多くレベルも高いと感じる。
- 単語は文で覚えるように言われるが、例文が難しく、辞書を引く手間が大変で、われわれには敷居が高い。

本教材導入後

- 語彙が厳選されているので、短期間で初級のTOEICレベルの語彙がマスターできる。
- 例文が短いので、文で覚えるのが苦にならない。
- 市販されている単語集より自分のレベルに合っていて学習しやすい。
- 問題集で同じ例文が使われているので、例文の定着度が高まる。

受講者

- 昇格要件のTOEICスコアをなかなか超えることができなかったグループに、この単語集を集中的に使ったレッスンを行ったところ、驚くほどスコアが上がり、今までにないほど昇格認定者が出た。

- 分量とレベルが適切で、仕事をしながら学習することができる。

- 単語が覚えやすいので、クラスには参加はしていないが、自分も自習用として活用している。

研修部担当者

- 例文が短いので、音読やリピーティングの素材としてピッタリである。

- 語彙が厳選されているため、受講生の学習意欲が削がれない。

- 問題集を使って、素早く定着度が判定できるのがよい。

- TOEIC以外のクラスでも活用したい。

担当TOEIC講師

本書の利用法

本書は、TOEICをはじめて受験する方や、思うようにスコアを伸ばすことができない方のための単語学習帳です。TOEICによく出る基礎単語をしっかりとおさえ、確実にスコアを上げましょう。

1. 本書の構成

本書は、①単語集、②別冊練習問題集の2部構成になっています。

①単語集

Level 1は超重要基礎単語、
Level 2は重要基礎単語、
Level 3は基礎単語を表しています。

CDのトラック番号を表しています。02の場合はTrack 2という意味です。

TOEICでの頻出度を表しています。

複数の発音記号が縦線（｜）で区切られている場合、前にあるものがアメリカ英語、後にあるものがイギリス英語であることを、カンマ（，）で区切られている場合は、どちらの発音も使われることを示します。

見出し語は、それぞれ、名詞216語、動詞114語、形容詞・副詞95語、イディオム87語あります（多くの単語には複数の意味がありますが、まずは本書に掲載されている代表的な訳語を覚えましょう）。

②別冊練習問題集

単語の意味をチェックする際に、本冊のどのページを確認すればいいのかを示しています。

CDだけを聞き、単語を書きとる練習もできます。

スコアを記録できるようになっています。

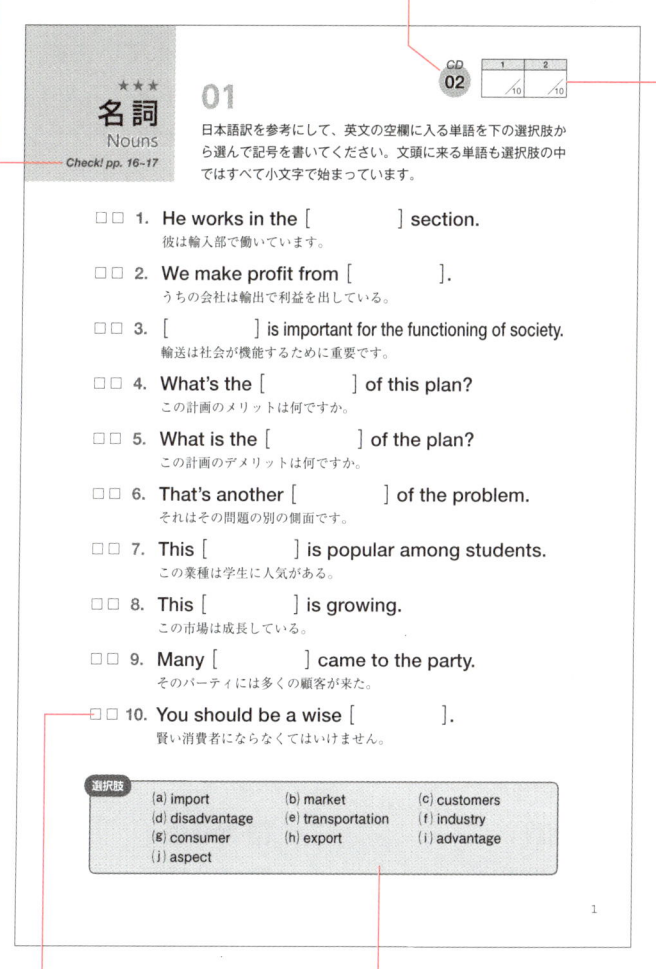

間違えた単語にはチェックマークをつけられるようになっています。

文頭にくる単語も選択肢の中ではすべて小文字で始まっています。

※解答は、別冊のpp. 54〜56にあります。

2. CDについて

見出し語→訳語→例文（英語のみ）の順で収録されています。TOEICでは、アメリカ英語だけでなく、イギリス、オーストラリア、カナダの英語の発音も採用されています。付属CDの収録には、アメリカ人（男性）とイギリス人（女性）のナレーターを起用しました。どちらの発音・アクセントにも慣れましょう。

3. 赤シートについて

付属の赤シートで、単語の日本語訳が隠れるようになっています。覚えたかどうか確認する際に利用してください。

【記号表記について】

- 名 名詞
- 他 他動詞
- 自 自動詞
- 形 形容詞
- 副 副詞
- 前 前置詞
- 類 類義語
- 派 派生語
- 反 反意語
- 参 参考

第1章

ゼッタイ基礎の
名詞216

Nouns

★★★　超重要基礎単語 ……… 16

☆★★　重要基礎単語 ……… 34

☆☆★　基礎単語 ……… 50

名詞 ★★★ **Level 1** 超重要基礎単語

1. import [ímpɔːrt] — 輸入

> He works in the **import** section.
> 彼は輸入部で働いています。

類 □ imported goods 輸入品

2. export [íkspɔːrt] — 輸出

> We make profit from **export**.
> うちの会社は輸出で利益を出している。

類 □ trade 名 [tréid] 貿易

3. transportation [trænspərtéiʃən | -pɔː-] — 輸送

> **Transportation** is important for the functioning of society.
> 輸送は社会が機能するために重要です。

派 □ transport 他 [trænspɔːrt] 輸送する

4. advantage [ədvǽntidʒ | -váːn-] — 利点；メリット

> What's the **advantage** of this plan?
> この計画のメリットは何ですか。

反 □ disadvantage 名 [dìsədvǽntidʒ | -váːn-] 不利益；デメリット

5. disadvantage [dìsədvǽntidʒ | -váːn-] — 欠点；デメリット

> What is the **disadvantage** of the plan?
> この計画のデメリットは何ですか。

類 □ defect 名 [díːfekt, difékt] 欠陥

6. aspect
[æspekt] — 面

> That's another **aspect** of the problem.
> それはその問題の別の側面です。

類 □ phase 名 [féiz] 段階

7. industry
[índəstri] — 産業

> This **industry** is popular among students.
> この業種は学生に人気がある。

類 □ industry leader 業界のリーダー

8. market
[má:rkət] — 市場

> This **market** is growing.
> この市場は成長している。

類 □ stock market 株式市場

9. customer
[kʌ́stəmər] — 顧客

> Many **customers** came to the party.
> そのパーティには多くの顧客が来た。

類 □ customer service お客様窓口

10. consumer
[kənsjú:mər] — 消費者

> You should be a wise **consumer**.
> 賢い消費者にならなくてはいけません。

派 □ consume 他 [kənsjú:m] 消費する

11 retail
[ríːtèil]
小売り

> What is the **retail** price?
> 小売価格はいくらですか。

派 □ retailer 名 [ríːtèilər] 小売業者

12 product
[prádʌkt | -əkt | pród-]
製品

> This is our **product**.
> これは我が社の製品です。

派 □ produce 他 [prədjúːs] 生産する

13 bargain
[báːrgin | -gən]
バーゲン

> Our **bargain** sale is from tomorrow.
> 当店のバーゲンセールは明日からです。

類 □ clearance sale バーゲンセール

14 inventory
[ínvəntɔ̀ːri | -təri]
在庫

> I'll check the **inventory**.
> 在庫を調べます。

類 □ stock 名 [stɑk, stɔk] 在庫

15 finance
[fáinæns | fənǽns]
財務

> You should learn more about **finance**.
> あなたはもっと財務のことを勉強すべきだ。

派 □ financial 形 [fənǽnʃəl | fai-] 財務の

16. debt [dét] 借金

> My **debt** is growing.
> 私の借金は膨らんでいる。

類 □ loan shark サラ金

17. deficit [défəsit | difís-] 赤字

> We were in **deficit** last year.
> うちの会社は去年赤字だった。

類 □ in the red 赤字で

18. stock [sták, stɔ́k] 株

> I sold all my **stocks**.
> 私は持っている株を全部売りました。

類 □ stockholder 名 [sták-hòuldər, stɔ́k-hòuldər] 株主

19. earnings [ə́ːrniŋz] 収入

> She doesn't have enough **earnings**.
> 彼女には十分な収入がない。

類 □ income 名 [inkʌ́m | -kəm] 収入

20. income [inkʌ́m | -kəm] 収入

> My wife's **income** is larger than mine.
> 妻の収入のほうが私の収入より多い。

類 □ income tax 所得税

名詞

Level 1

19

21. payment
[péimənt] 支払

> The **payment** will be made on the 15th.
> 支払は15日になります。

類 □ pay day 給料日

22. insurance
[inʃúərəns] 保険

> I was working for an **insurance** company.
> 私は保険会社に勤めていました。

類 □ premium 名 [priːmiəm] 保険料

23. accountant
[əkáuntənt] 会計士

> We'll hire a new **accountant**.
> 私たちは新しい会計士を雇います。

派 □ accounting 名 [əkáuntiŋ] 会計

24. accounting
[əkáuntiŋ] 会計

> I studied **accounting** at college.
> 私は大学で会計学を学びました。

類 □ accounting section 経理課

25. benefit
[bénifit] 利益

> We make a lot of **benefits** from the new model.
> 当社ではその新型モデルで多くの利益を出しています。

類 □ profit 名 [práfət | prɔ́f-] 利益

26. **profit** [práfət | prɔ́f-]
利益

> We are making a lot of **profit**.
> 当社は大きな利益を出しています。

反 □ **loss** 名 [lɔ́ːs, lɔ́s] 損失

27. **budget** [bʌ́dʒət]
予算

> Our **budget** is very small.
> われわれの予算は非常に少ない。

類 □ **budget meeting** 予算会議

28. **expense** [ikspéns | eks-]
経費

> You're using too much **expense**.
> きみは経費を使いすぎだ。

類 □ **cost** 名 [kɔ́ːst, kɔ́st] 原価

29. **bill** [bíl]
請求書

> Send me a **bill** today.
> 請求書を今日送ってください。

類 □ **invoice** 名 [ínvɔis] 請求書

30. **estimate** [éstəmət]
見積

> Here's our **estimate**.
> こちらが当社の見積です。

類 □ **calculation** 名 [kæ̀lkjəléiʃən] 計算

名詞

Level 1

31 □ **rate**
[réit]

料金；割合

> What's the **rate**?
> 料金はいくらですか。

類 □ **fare** 名 [féər] 運賃

32 □ **negotiation**
[nigòuʃiéiʃən]

交渉

> We should be successful in the **negotiations**.
> 私たちはその交渉を成功させなくてはなりません。

派 □ **negotiator** 名 [nigóuʃièitər] 交渉人

33 □ **term(s)**
[tə́ːrm(z)]

条件

> What are the **terms** of the contract?
> その契約の条件は何ですか。

類 □ **terms and conditions** 契約条件

34 □ **contract**
[kɑ́ntrækt | kɔ́n-]

契約書

> Read the **contract**.
> その契約書を読みなさい。

類 □ **agreement** 名 [əgríːmənt] 契約書；覚書

35 □ **objective**
[əbdʒéktiv]

目的

> What's your **objective**?
> あなたの目的は何ですか。

類 □ **aim** 名 [éim] 目的；ねらい

36. purpose
[pə́ːrpəs] 目的

> What is the **purpose** of this meeting?
> このミーティングの目的は何ですか。

類 □ means 名 [miːnz] 手段

37. conference
[kánfərəns | kɔ́n-] 会議

> We have a **conference** every week.
> 私たちは毎週会議をします。

類 □ convention 名 [kənvénʃən] 大会；会議

38. agenda
[ədʒéndə] 議題

> What's on today's **agenda**?
> 今日の議題には何が入っていますか（＝今日の議題は何ですか）。

類 □ agenda item 議題項目

39. assignment
[əsáinmənt] 課題；宿題

> I'll give you an **assignment**.
> あなたに課題を出します。

類 □ homework 名 [hóumwə̀ːrk] 宿題

40. opinion
[əpínjən] 意見

> That's a good **opinion**.
> それはいい意見ですね。

類 □ fact 名 [fækt] 事実

名詞 Level 1

41. proposal
[prəpóuzəl]
提案

> Show me your **proposal**.
> あなたの提案書を見せてください。

派 □ propose 他 [prəpóuz] 提案する

42. presentation
[prèzəntéiʃən]
プレゼンテーション

> Your **presentation** was great.
> あなたのプレゼンテーションはすばらしかったですよ。

派 □ present 他 [prezònt] 提示する

43. suggestion
[səgdʒéstʃən | sədʒés-]
提案

> I need your **suggestions**.
> 私にはあなたの提案が必要です。

派 □ suggest 他 [səgdʒést, sədʒést] 提案する

44. document
[dákjumənt | dɔ́k-]
文書；書類

> Could you copy the **document**?
> この書類をコピーしていただけますか。

類 □ papers 名 [péipərz] 書類

45. organization
[ɔ̀ːrɡənəzéiʃən | -nai-]
組織

> Why don't you join our **organization**?
> 私たちの組織に加わったらどうですか。

派 □ organize 他 [ɔ́ːrɡənàiz] 組織化する

46 □ CEO
[síːíːóu]
最高経営責任者

> Our **CEO** will go to the U.S. next week.
> 当社の最高経営責任者は来週渡米します。

参 CEO = chief executive officer

47 □ president
[prézidənt]
社長；(Pを大文字にして)大統領

> Who is going to be the next **president**?
> だれが次期社長になるのですか。

類 □ company president 会社社長

48 □ vice president
副社長

> The **vice president** is leaving the company.
> 副社長は会社を辞めます。

類 □ former president 元社長

49 □ management
[mǽnidʒmənt]
経営陣；経営

> This is the final decision by **management**.
> これが経営陣の出した最終結論です。

類 □ labor and management 労使

50 □ personnel
[pə̀ːrsənǽl]
人事部；全社員

> Did you see the memo from **personnel**?
> 人事部からの社内通達文書を見ましたか。

類 □ personal 形 [pə́ːrsənəl] 個人の

名詞

Level 1

25

51 sales [séilz]　営業部；売上

> I'd like to work in **sales**.
> 私は営業部で働きたいと思っています。

類 □ sales figure　売上高

52 supervisor [súːpərvàizər]　管理者；監督

> The **supervisor** was kind to me.
> 監督は私に親切でした。

派 □ supervise 他 [súːpərvàiz]　監督する

53 department [dipáːrtmənt]　部署

> Our **department** will have a party tonight.
> うちの部署では今夜パーティをします。

類 □ Sales Department　営業部

54 division [divíʒən]　部

> Our company has five **divisions**.
> 当社には5つの部門があります。

類 □ division head　部長

55 headquarters [hédkwɔ̀ːrtərz]　本社

> Our **headquarters** are in New York.
> 当社の本社はニューヨークにあります。

類 □ branch office　支社

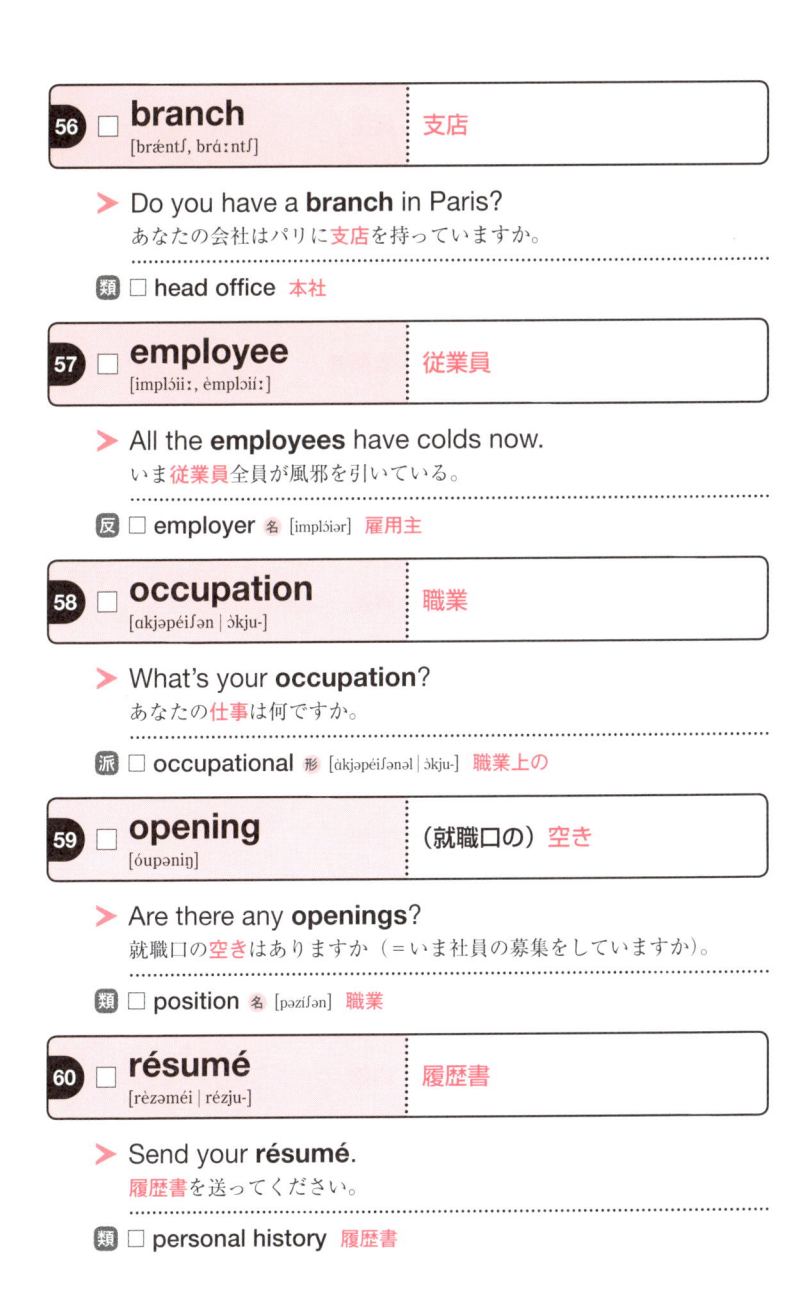

56 branch
[bræntʃ, brάːntʃ]
支店

> Do you have a **branch** in Paris?
> あなたの会社はパリに支店を持っていますか。

類 □ head office　本社

57 employee
[implɔ́iː, èmplɔiíː]
従業員

> All the **employees** have colds now.
> いま従業員全員が風邪を引いている。

反 □ employer 名 [implɔ́iər]　雇用主

58 occupation
[ɑkjəpéiʃən | ɔ̀kju-]
職業

> What's your **occupation**?
> あなたの仕事は何ですか。

派 □ occupational 形 [ɑ̀kjəpéiʃənəl | ɔ̀kju-]　職業上の

59 opening
[óupəniŋ]
(就職口の) 空き

> Are there any **openings**?
> 就職口の空きはありますか (＝いま社員の募集をしていますか)。

類 □ position 名 [pəzíʃən]　職業

60 résumé
[rèzəméi | rézju-]
履歴書

> Send your **résumé**.
> 履歴書を送ってください。

類 □ personal history　履歴書

61 qualification
[kwὰlifikéiʃən | kwɔ́l-]

資格

> You don't have enough **qualifications** to take the examination.
> あなたにはその試験を受けるための十分な資格がありません。

派 □ qualified 形 [kwάlifàid | kwɔ́l-] 資格がある

62 candidate
[kǽndidèit | -dət]

候補者

> How many **candidates** do you have?
> 候補者は何人いますか。

類 □ applicant 名 [ǽplikənt] 応募者

63 promotion
[prəmóuʃən]

昇進

> You'll get a **promotion**.
> あなたは昇進しますよ。

派 □ promote 他 [prəmóut] 昇進させる

64 position
[pəzíʃən]

立場

> I can't say so in my **position**.
> 私の立場ではそうは言えません。

類 □ viewpoint 名 [vjú:pɔ̀int] 見方

65 extension
[iksténʃən | eks-]

内線

> What's your **extension** number?
> あなたの内線番号は何番ですか。

類 □ extension cord 延長コード

66 ☐ **supply** [səpláɪ] 供給

> There is too much **supply**.
> 供給量が多すぎます。

類 ☐ water supply　水道

67 ☐ **construction** [kənstrʌ́kʃən] 建設

> I'm working for a **construction** company.
> 私は建設会社で働いています。

派 ☐ construct 他 [kənstrʌ́kt]　建設する

68 ☐ **equipment** [ɪkwípmənt] 設備

> The **equipment** in this factory is too old.
> この工場の設備は古すぎます。

派 ☐ equip 他 [ɪkwíp]　備えつける

69 ☐ **material** [mətíəriəl] 材料；素材

> We should order more **materials**.
> 私たちはもっと材料を注文すべきです。

類 ☐ new material　新素材

70 ☐ **real estate** 不動産

> Don't invest in **real estate**.
> 不動産に投資してはいけません。

類 ☐ realtor 名 [ríːəltər | rɪəl-]　不動産業者

71 task
[tǽsk, tάːsk]

作業

> This is an important **task**.
> これは大切な作業です。

類 □ duty 名 [djúːti] 任務

72 value
[vǽljuː]

価値

> What is the **value** of the new service?
> その新しいサービスの価値は何ですか。

派 □ valuable 形 [vǽljəbəl | -jub-] 価値のある；貴重な

73 policy
[pάləsi | pɔ́l-]

政策；方針

> This isn't a good **policy**.
> これはいい政策ではありません。

類 □ company policy 会社の方針

74 cooperation
[kouὰpəréiʃən | -ɔ́p-]

協力

> Thank you for your **cooperation**.
> ご協力ありがとうございます。

派 □ cooperate 自 [kouάpərèit | kəuɔ́p-] 協力する

75 regulation(s)
[règjəléiʃən(z)]

規則

> Our school **regulations** are very strict.
> 私たちの学校の規則は非常に厳しいです。

類 □ guideline 名 [gáidlàin] 指針

76 relation(s)
[riléiʃən(z)]

関係

> **Relations** with that country are getting worse.
> その国との関係は次第に悪くなってきている。

派 □ relate 他 [riléit] 関係づける

77 result
[rizʌ́lt]

結果

> I had a different **result**.
> 私は違う結果を得ました。

反 □ cause 名 [kɔ́ːz] 原因

78 solution
[səlúːʃən]

解決策

> We found a **solution**.
> 私たちは解決策を見つけました。

派 □ solve 他 [sάlv, sɔ́lv] 解決する

79 study
[stʌ́di]

調査

> We began a **study** of customer satisfaction.
> 私たちは顧客満足度の調査を始めました。

類 □ research 名 [risə́ːrtʃ, ríːsəːrtʃ] 調査

80 schedule
[skédʒuːl, skédjuːl | ʃédjuːl]

スケジュール

> What's your **schedule** like next week?
> あなたの来週の予定はどうなっていますか。

派 □ be scheduled to ~ ~する予定になっている

名詞 Level 1

81 decade
[dékeid, dikéid]
10年

> I joined the company a **decade** ago.
> 私は**10年**前に入社しました。

類 □ decades of ~ 数十年にわたる~

82 environment
[inváiərənmənt]
環境

> We should take care of our **environment**.
> 私たちは自分たちの**環境**を大切にしなくてはなりません。

類 □ pollution 名 [pəlúːʃən] 公害

83 forecast
[fɔ́ːrkæst | -kɑ́ːst]
予報

> What did the weather **forecast** say?
> 天気**予報**では何と言っていましたか。

類 □ weather report 天気予報

84 low
[lóu]
最低気温

> Today's **low** is 25 degrees.
> 今日の**最低気温**は25度です。

反 □ high 名 [hái] 最高気温

85 account
[əkáunt]
口座；顧客

> I'd like to open an **account**.
> **口座**を開きたいのですが。

類 □ bank account 銀行口座

86 □ **application form** : 申込書

> Where can I get an **application form**?
> 申込書はどこでもらえますか。

類 □ sign up for （講座など）に申し込む

87 □ **invitation**
[invitéiʃən] : 招待；招待状

> I sent **invitation**s to all the staff.
> 私はスタッフ全員に招待状を送りました。

派 □ invite 他 [inváit] 招待する

88 □ **accommodation**
[əkɑ̀mədéiʃən | əkɔ̀m-] : 宿泊；宿泊設備

> How much is the **accommodation**?
> 宿泊代はいくらですか。

派 □ accommodate 他 [əkɑ́mədèit | əkɔ́m-] 収容する

89 □ **reservation**
[rèzərvéiʃən] : 予約

> We should make a **reservation**.
> 私たちは予約をとるべきです。

派 □ reserve 他 [rizə́ːrv] 予約する

名詞 Level 2 ★★ 重要基礎単語

90 public [pʌ́blik] （theをつけて）一般大衆

> The museum is not open to the **public**.
> その博物館は一般公開されていません。

類 □ the general public 一般大衆

91 government [ɡʌ́vərnmənt] 政府

> My son is working for the **government**.
> 私の息子は政府で働いています。

類 □ Cabinet 名 [kǽbinət] 内閣

92 politician [pɑ̀lətíʃən | pɔ̀l-] 政治家

> Do you know any **politicians**?
> だれか政治家に知り合いはいますか。

類 □ legislator 名 [lédʒəslèitər] 国会議員

93 politics [pɑ́lətiks | pɔ́l-] 政治；政治学

> I was studying **politics** in college.
> 私は大学で政治学を勉強していました。

派 □ political 形 [pəlítikəl] 政治的な

94 election [ilékʃən] 選挙

> Tomorrow is the **election**.
> 明日は選挙だ。

類 □ vote [vout] 名 投票 自 投票する

95. minister [mínistər] 大臣

> The **minister** came to our wedding.
> その大臣が私たちの結婚式に来ました。

派 □ ministry 名 [mínistri] 省

96. party [páːrti] 一行

> How many in your **party**, sir?
> 御一行様は何名様でいらっしゃいますか。

類 □ political party 政党

97. law [lɔ́ː] 法律

> It's against the **law**.
> それは法律違反です。

派 □ lawmaker 名 [lɔ́ː-méikər] 国会議員

98. business [bíznəs] 会社

> There are many new **businesses** in this building.
> このビルには新しい会社が数多く入居している。

類 □ corporation 名 [kɔ̀ːrpəréiʃən] 法人

99. agency [éidʒənsi] 代理業者

> I'm looking for a good travel **agency**.
> 私はいい旅行代理店を探しています。

派 □ agent 名 [éidʒənt] 代理人

名詞　Level 2

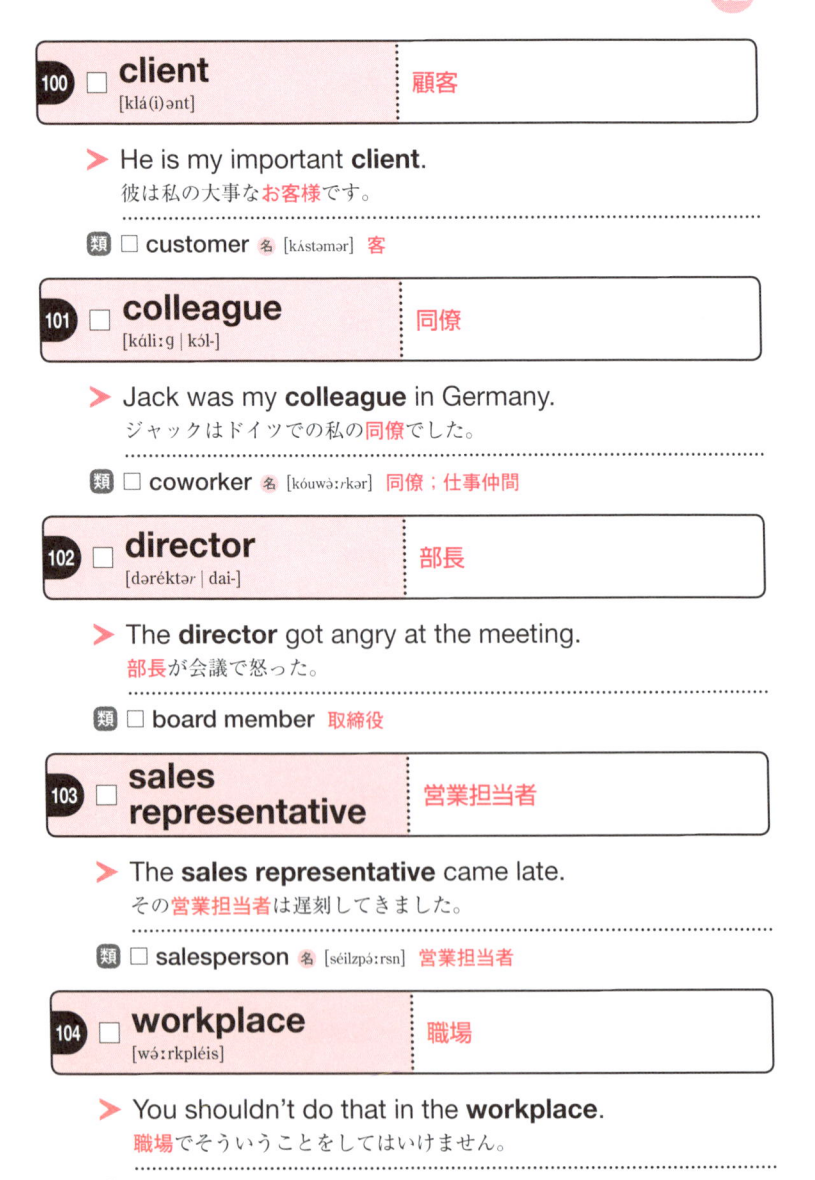

100 □ **client** [klá(i)ənt] 顧客

› He is my important **client**.
彼は私の大事なお客様です。

類 □ customer 名 [kʌ́stəmər] 客

101 □ **colleague** [káːliːg | kɔ́l-] 同僚

› Jack was my **colleague** in Germany.
ジャックはドイツでの私の同僚でした。

類 □ coworker 名 [kóuwəːrkər] 同僚；仕事仲間

102 □ **director** [dəréktər | dai-] 部長

› The **director** got angry at the meeting.
部長が会議で怒った。

類 □ board member 取締役

103 □ **sales representative** 営業担当者

› The **sales representative** came late.
その営業担当者は遅刻してきました。

類 □ salesperson 名 [séilzpəːrsn] 営業担当者

104 □ **workplace** [wɔ́ːrkpléis] 職場

› You shouldn't do that in the **workplace**.
職場でそういうことをしてはいけません。

類 □ at work 職場で

売れ筋書籍「TOEIC® TEST
必ず☆でる単スピードマスター」が
大人気英単語アプリmikan版に!!

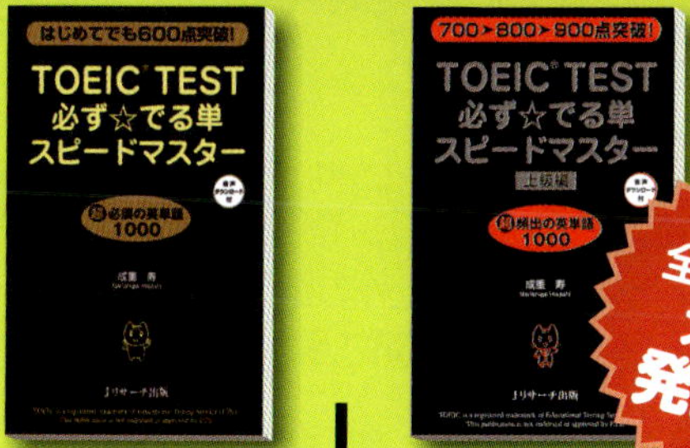

書籍は
全国書店で
大好評
発売中!

「でる単600」
App Store
教育カテゴリ
1位!
(2017年
5月12日現在)

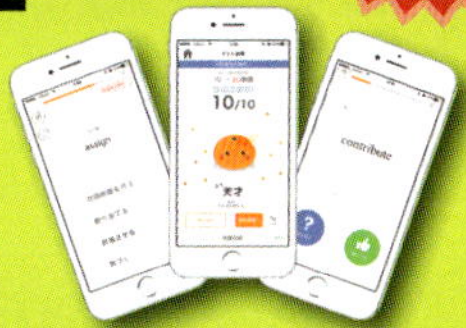

App Store
からダウンロード

Google Play
で手に入れよう

アプリ版は左記
ストアで発売中!

本とアプリで英単語の
暗記を高速化!!

Jリサーチ出版 http://www.jresearch.co.jp/

TOEIC is a registered trademark of Educational Testing Service (ETS).
This publication is not endorsed or approved by ETS.
Apple および Apple ロゴは米国その他の国で登録された Apple Inc. の商標です。App Store は Apple Inc. のサービスマークです。
Google Play および Google Play ロゴは、Google Inc. の商標です。

本とアプリの効果的な使い方

STEP 1 本で覚える
単語の意味を、用法・類語や派生語・例文などとともに多角的につかむ

STEP 2 アプリでスキマ時間に復習
ゲーム感覚で記憶度チェック&データに基づく復習で脳に単語を定着

STEP 3 再確認で運用力UP
うろ覚え単語と苦手な単語を本で再チェックし、単語運用力UP!

英単語アプリ mikan で何ができるの?
- ☑ 1日の目標単語数を設定して、**習慣化**できる!
- ☑ 1分10単語と**高速**で単語学習!
- ☑ **ネイティブ音声**付でリスニング対策にも!
- ☑ 1語=1意味で単語の**コア**の意味をつかめる!
- ☑ **データ**に基づく復習で効率的な単語学習!

●**書籍とアプリは別売りです** ※アプリ版の価格は為替・キャンペーンなどで変動することがございます。

■書籍版は、全国書店にて好評発売中(各本体 880円+税)
■アプリ版は、App store と Google Play で好評発売中(各税込 720円)

①各アプリストアで [mikan でる単 🔍] と検索
②右のアイコンを探してタップ!

でる単600　でる単上級

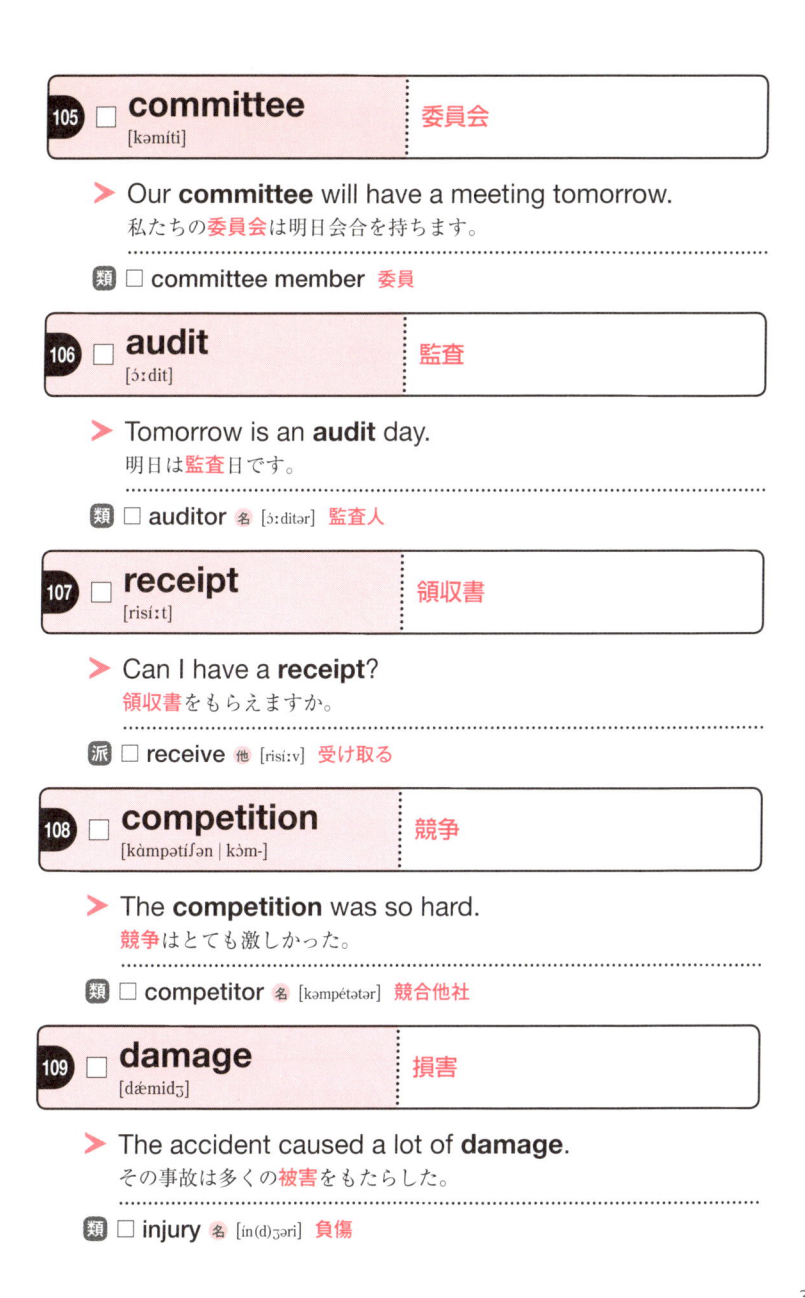

105 committee
[kəmíti]
委員会

> Our **committee** will have a meeting tomorrow.
> 私たちの委員会は明日会合を持ちます。

類 □ committee member　委員

106 audit
[ɔ́ːdit]
監査

> Tomorrow is an **audit** day.
> 明日は監査日です。

類 □ auditor　名 [ɔ́ːditər]　監査人

107 receipt
[risíːt]
領収書

> Can I have a **receipt**?
> 領収書をもらえますか。

派 □ receive　他 [risíːv]　受け取る

108 competition
[kɑ̀mpətíʃən | kɔ̀m-]
競争

> The **competition** was so hard.
> 競争はとても激しかった。

類 □ competitor　名 [kəmpétətər]　競合他社

109 damage
[dǽmidʒ]
損害

> The accident caused a lot of **damage**.
> その事故は多くの被害をもたらした。

類 □ injury　名 [ín(d)ʒəri]　負傷

名詞

Level 2

110 fault
[fɔːlt, fɑːlt]

欠陥；ミス

> It's my **fault**.
> それは私のミスです。

類 □ mistake 名 [mistéik] 間違い

111 trouble
[trʌ́bl]

問題

> He made a lot of **trouble**.
> 彼は多くの問題を起こしました。

類 □ problem 名 [prɑ́bləm | prɔ́b-] 問題

112 inconvenience
[ìnkənvíːniəns]

不便

> Sorry for the **inconvenience**.
> ご不便をおかけして申し訳ございません。

反 □ convenience 名 [kənvíːniəns] 便利さ

113 agriculture
[ǽgrikʌ̀ltʃər]

農業

> **Agriculture** is the main industry in this country.
> 農業はこの国の主要産業です。

類 □ fishery 名 [fíʃəri] 漁業 □ forestry 名 [fɔ́ːristri | fɔ́r-] 林業
□ industry 名 [índəstri] 工業

114 □ auto industry

自動車産業

> The **auto industry** hires a lot of people.
> 自動車産業では多くの人を雇っています。

類 □ car industry 自動車産業

115 automobile
[ɔ́:təmoubì:l]

自動車

> This **automobile** looks great.
> この自動車は見た目がとてもいい。

類 □ motorcycle 名 [móutərsàikl] オートバイ

116 vehicle
[víːəkəl | víːhi-]

車両；乗り物

> My favorite **vehicle** is a bicycle.
> 私の好きな乗り物は自転車です。

類 □ transport 他 [trænspɔ́ːrt] 輸送する

117 manufacturer
[mæ̀njəfǽktʃərər]

製造業者

> Japanese **manufacturers** are always strong.
> 日本の製造業は常に強い。

派 □ manufacture 他 [mæ̀njəfǽktʃər] 製造する

118 demand
[dimǽnd | -mɑ́ːnd]

需要

> There is much **demand** for tourism.
> 旅行業には多くの需要がある。

反 □ supply 名 [səplái] 供給

119 price
[práis]

価格

> Do you know its **price**?
> その値段を知っていますか。

類 □ regular price 定価

120 production [prədʌ́kʃən] 生産

> They stopped **production** of that model.
> 彼らはそのモデルの生産を中止した。

類 □ **inspection** 名 [inspékʃən] 検査

121 supplier [səpláiər] 納入業者

> We should find a new **supplier**.
> 私たちは新しい業者を探すべきです。

派 □ **supply** 他 [səplái] 供給する

122 quality [kwɑ́ləti | kwɔ́l-] 質

> The **quality** of the product changed.
> その製品の品質が変わりました。

類 □ **grade** 名 [gréid] 程度

123 quantity [kwɑ́ntəti | kwɔ́n-] 量

> The **quantity** is not important.
> 量が大切なのではありません。

類 □ **amount** 名 [əmáunt] 量

124 surplus [sə́ːrpləs | -pləs] 余剰

> There is a **surplus** of dentists.
> 歯科医師数が過剰な状態です。

類 □ **extra** 名 [ékstrə] 余分なもの

125 ☐ **plant** [plǽnt, plάːnt] 工場

> We have three **plants** in the U.S.
> 当社はアメリカに3つの工場を持っています。

類 ☐ factory 名 [fǽktəri] 工場

126 ☐ **warehouse** [wéərhàus] 倉庫

> Our **warehouse** is empty.
> 当社の倉庫は空です。

類 ☐ warehouse company 倉庫会社

127 ☐ **coupon** [kúːpɑn, kúːpɔn | kjúː-] クーポン

> They gave me five **coupons**.
> 彼らは私にクーポンを5枚くれました。

類 ☐ voucher 名 [váutʃər] 割引券

128 ☐ **area** [éəriə] 地域

> Prices are cheap in this **area**.
> この地域は物価が安い。

類 ☐ region 名 [ríːdʒən] 地区

129 ☐ **district** [dístrikt] 地区

> Here's the business **district** of the town.
> ここが街の商業地区です。

類 ☐ area 名 [éəriə] 地域

名詞 Level 2

130 suburbs
[sʌ́bəːrbs] 郊外

> I live in the **suburbs** of Tokyo.
> 私は東京の郊外に住んでいます。

類 □ outskirts 名 [áutskèːrts] 郊外

131 address
[ədrés, ǽdres, ədrés] 住所

> This is my **address**.
> これが私の住所です。

類 □ zip code 郵便番号

132 arrival
[əráivəl] 到着

> Let's meet at the **arrival** lobby.
> 到着ロビーで会いましょう。

反 □ departure 名 [dipáːrtʃər] 出発

133 destination
[dèstinéiʃən] 目的地

> Where is your **destination**?
> あなたの目的地はどこですか。

類 □ bound for ~ ～行きの

134 passenger
[pǽsin(d)ʒər] 乗客

> There were only six **passengers** on the plane.
> その飛行機には乗客が6人しかいなかった。

類 □ crew member 乗務員

135 climate
[kláimət]
気候

> I don't like the **climate** here.
> 私はここの気候が好きではありません。

類 □ weather 名 [wéðər] 天気

136 temperature
[témpərətʃər]
気温

> The **temperature** was not so high.
> 気温はそんなに高くはありませんでした。

類 □ humidity 名 [hjumídəti] 湿気

137 disaster
[dizǽstər | dizá:s-]
災害

> We can't control natural **disasters**.
> われわれに自然災害をコントロールすることはできない。

派 □ disastrous 形 [dizǽstrəs | -zá:s-] 災害の

138 storm
[stɔ́:rm]
嵐

> A **storm** is coming soon.
> もうすぐ嵐が来ます。

類 □ rainstorm 名 [réinstɔ̀:rm] 暴風雨

139 victim
[víktim]
犠牲者

> The **victim** was a movie star.
> 犠牲者は映画俳優でした。

類 □ accident 名 [ǽksidənt] 事故

140 force
[fɔ́ːrs] 力

> The **force** goes in this direction.
> その力はこの方向へ向かいます。

類 □ strength 名 [stréŋθ] 強さ

141 power
[páuər] 電力

> We are short of **power**.
> 電力が不足しています。

類 □ electrical power 電力

142 disease
[dizíːz] 病気

> Smoking can cause a lot of **diseases**.
> 喫煙は多くの病気を引き起こします。

類 □ illness 名 [ílnəs] 病気

143 illness
[ílnəs] 病気

> She quit the job because of the **illness**.
> 彼女はその病気のために仕事を辞めました。

類 □ sickness 名 [síknəs] 病気

144 treatment
[tríːtmənt] 治療

> The **treatment** was good but very expensive.
> その治療は効果がありましたが、とても高価でした。

類 □ medical treatment 医療

145 medicine
[médsən | médi-]
薬

> I need some **medicine**.
> 薬がほしい。

派 □ medical 形 [médikəl] 医学の

146 chemical
[kémikəl]
薬品

> This **chemical** is very dangerous.
> この薬品は非常に危険だ。

派 □ chemistry 名 [kémistri] 化学

147 institute
[ínstitjùːt]
機関；協会

> I am a member of this **institute**.
> 私はこの協会の会員です。

派 □ institution 名 [instityúːʃən] 施設

148 exercise
[éksərsàiz]
運動

> I should do some **exercise**.
> 私は少し運動しないといけない。

類 □ workout 名 [wə́ːrkáut] トレーニング

149 practice
[præktis]
練習

> You need more **practice**.
> あなたにはもっと練習が必要です。

派 □ practical 形 [præktikəl] 実践的な

名詞 Level 2

150. ability
[əbíləti]
能力

> She doesn't have enough **ability**.
> 彼女には十分な能力がない。

派 □ able 形 [éibl] できる

151. effort
[éfərt]
努力

> He is always making an **effort**.
> 彼は常に努力している。

類 □ make every effort あらゆる努力をする

152. record
[rékərd | -kɔːd]
記録

> He will break the **record**.
> 彼はその記録を破るだろう。

類 □ the world record 世界記録

153. average
[ǽvəridʒ]
平均

> I sleep six hours on **average**.
> 私は平均6時間睡眠をとります。

類 □ below average 平均以下

154. key to ~
～への鍵

> Tell me your **key to** success.
> あなたの成功への鍵を教えてください。

類 □ key industry 基幹産業

155 lecture
[léktʃər]
講義

> His **lecture** was interesting.
> 彼の講義はおもしろかった。

派 ☐ lecturer 名 [léktʃərər] 講演者

156 degree
[digríː]
学位；程度

> I have a **degree** in medicine.
> 私は医学の学位を持っている。

類 ☐ to some degree ある程度は

157 workshop
[wə́ːrkʃɑ̀p | -ʃɔ̀p]
講習会

> I enjoyed his **workshop**.
> 私は彼の講習会を楽しみました。

類 ☐ laboratory 名 [lǽbərətɔ̀ːri, ləbɔ́rətəri] 実験室

158 researcher
[risə́ːrtʃər]
研究者

> The **researcher** needs an assistant.
> その研究者は助手を必要としている。

類 ☐ scholar 名 [skɑ́lər, skɔ́lə] 学者

159 chart
[tʃɑ́ːrt]
図表

> This **chart** is very clear.
> この図表はとてもわかりやすい。

類 ☐ pie chart 円グラフ　☐ bar chart 棒グラフ

160 □ **graph** [grǽf, grάːf] グラフ

> Look at this **graph**.
> この グラフ を見てください。

類 □ table 名 [téibəl] 表

161 □ **article** [άːrtikəl] 記事

> Look at this **article**.
> この 記事 を見てください。

類 □ newspaper article 新聞記事

162 □ **award** [əwɔ́ːrd] 賞

> Our movie got an **award**.
> 私たちの映画が 賞 をとった。

類 □ awards ceremony 授賞式

163 □ **reason** [ríːzən] 理由

> Give me the **reason** for that.
> その 理由 を教えてください。

派 □ reasonable 形 [ríːzənəbəl] 理にかなった；値段が手ごろな

164 □ **exception** [iksépʃən | ek-] 例外

> There are no **exceptions** to our company rules.
> 我が社の社則に 例外 はない。

派 □ except 前 [iksépt | ek-] 〜以外は

165 rent
[rént]
賃料

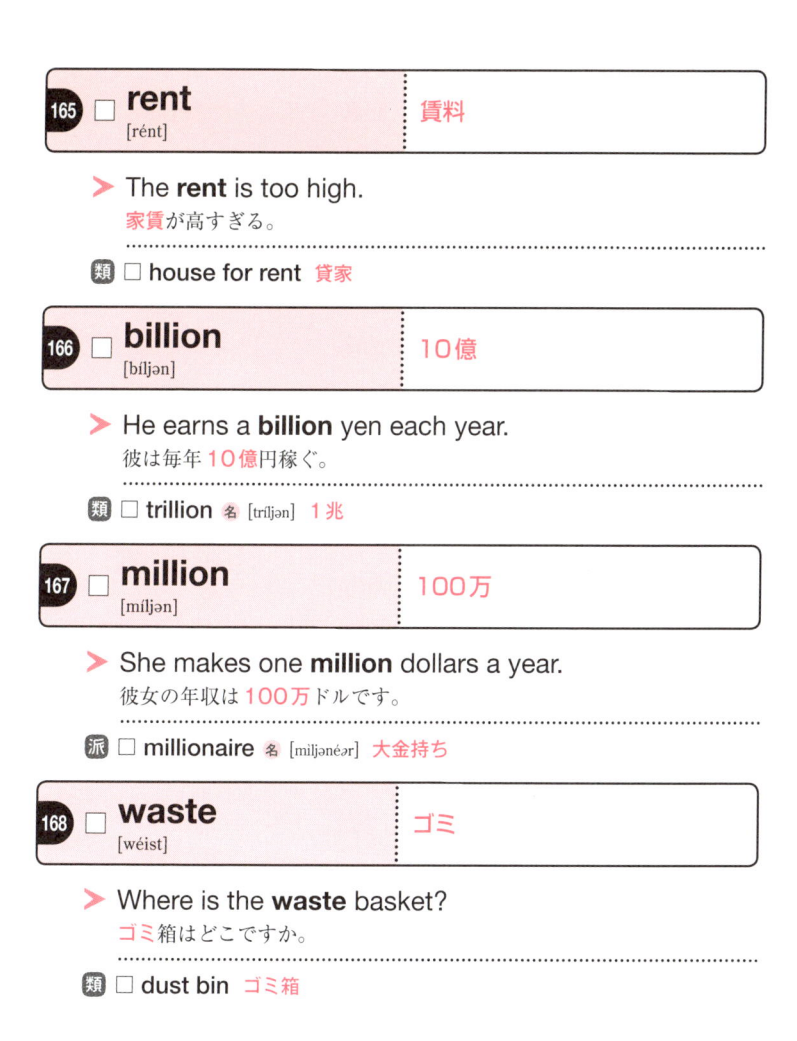

> The **rent** is too high.
> 家賃が高すぎる。

類 □ house for rent 貸家

166 billion
[bíljən]
10億

> He earns a **billion** yen each year.
> 彼は毎年10億円稼ぐ。

類 □ trillion 名 [tríljən] 1兆

167 million
[míljən]
100万

> She makes one **million** dollars a year.
> 彼女の年収は100万ドルです。

派 □ millionaire 名 [miljənéər] 大金持ち

168 waste
[wéist]
ゴミ

> Where is the **waste** basket?
> ゴミ箱はどこですか。

類 □ dust bin ゴミ箱

名詞 Level 3 基礎単語

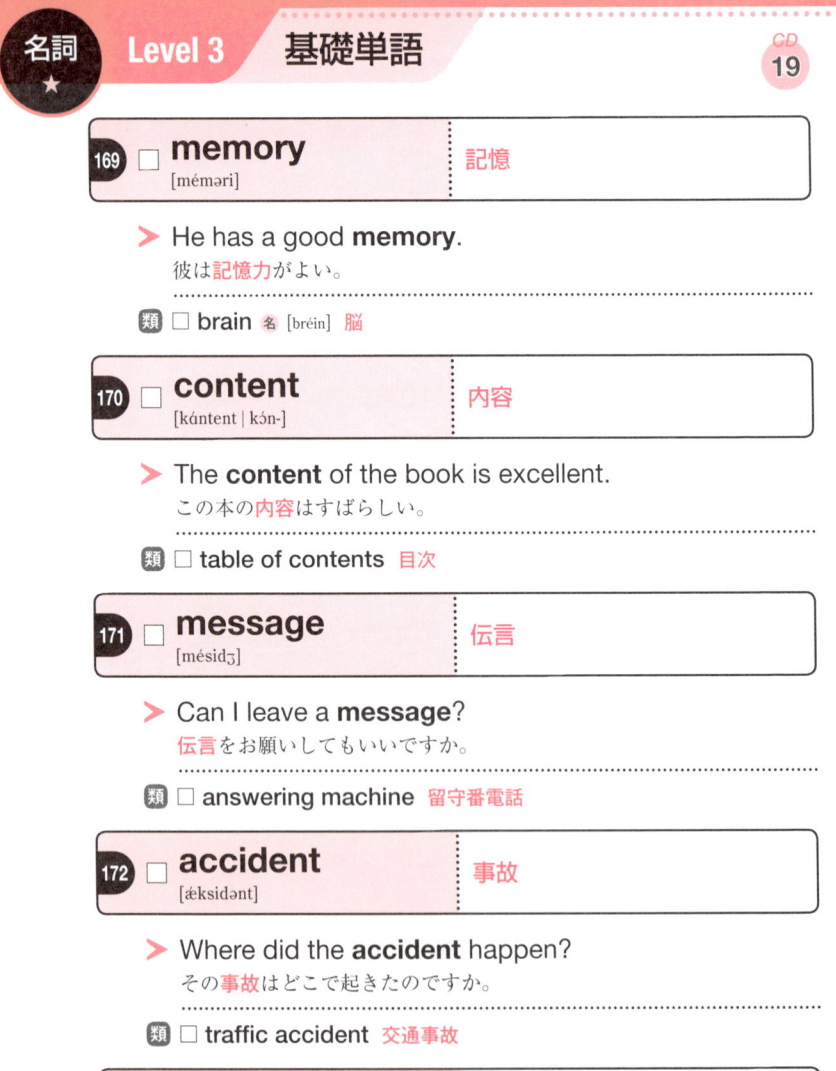

169. memory [méməri]
記憶

> He has a good **memory**.
> 彼は記憶力がよい。

類 □ brain 名 [bréin] 脳

170. content [kántent | kɔ́n-]
内容

> The **content** of the book is excellent.
> この本の内容はすばらしい。

類 □ table of contents 目次

171. message [mésidʒ]
伝言

> Can I leave a **message**?
> 伝言をお願いしてもいいですか。

類 □ answering machine 留守番電話

172. accident [ǽksidənt]
事故

> Where did the **accident** happen?
> その事故はどこで起きたのですか。

類 □ traffic accident 交通事故

173. fuel [fjú(ː)əl]
燃料

> This car doesn't use gasoline for **fuel**.
> この車は燃料にガソリンを使いません。

類 □ energy 名 [énərdʒi] エネルギー

174. earthquake
[ə́:rθkwèik]
地震

> An **earthquake** hit the area last night.
> 昨夜、その地域で地震がありました。

類 □ quake 名 [kwéik] 地震

175. weight
[wéit]
重さ

> What is the **weight** of the package?
> その小包の重さはどのくらいですか。

類 □ width 名 [widθ, witθ] 幅　□ depth 名 [dépθ] 奥行
□ height 名 [háit] 高さ

176. lawyer
[lɔ́:jər, lɔ́iər]
弁護士

> My brother is a **lawyer**.
> 私の兄は弁護士です。

類 □ court 名 [kɔ́:rt] 裁判所

177. prime minister
首相

> The **prime minister** is single.
> 首相は独身です。

類 □ minister 名 [mínistər] 大臣

178. mayor
[méiər, méər, méə]
市長

> Who is the **mayor** of New York now?
> いまのニューヨーク市長はだれですか。

類 □ governor 名 [gʌ́vənər] 知事

179 officer
[ɔ́ːfəsər | ɔ́fi-]
役人；警官

> The **officer** stopped me at the intersection.
> その警官が交差点で私を呼び止めました。

類 □ customs officer 税関職員

180 police officer
警官

> A **police officer** suddenly talked to me.
> 警官が突然話しかけてきました。

類 □ police station 警察署

181 dentist
[déntəst]
歯医者

> My **dentist** is very kind.
> 私のかかっている歯医者はとても親切です。

類 □ dental clinic 歯科医院

182 patient
[péiʃənt]
患者

> The **patient** left his wallet.
> その患者は財布を忘れていった。

派 □ patience 名 [péiʃəns] 忍耐

183 pain
[péin]
痛み

> Do you feel **pain**?
> 痛みを感じますか。

派 □ painful 形 [péinfəl] 痛みを伴う

184. **stomachache** [stʌ́məkèik] 胃痛

> My **stomachache** has gone.
> 胃痛がなくなりました。

派 □ stomach 名 [stʌ́mək] 胃

185. **headache** [hédèik] 頭痛

> I have a **headache**.
> 頭痛がします。

類 □ toothache 名 [túːθèik] 歯痛

186. **lap** [lǽp] ひざ（足の付け根からひざ頭までの部分）

> Put a towel on your **lap**.
> ひざの上にタオルを1枚置いてください。

類 □ knee 名 [niː] ひざ頭

187. **railroad** [réilròud] 鉄道

> I bought stocks of the **railroad** company.
> 私はその鉄道会社の株を買いました。

類 □ railway 名 [réilwèi] 鉄道

188. **museum** [mju(ː)zíːəm] 博物館

> This **museum** is good for children.
> この博物館は子どもたちのためになる。

類 □ art museum 美術館

189 **farmer** [fáːrmər] | 農夫

> My father is a **farmer** in Brazil.
> 私の父はブラジルで農夫をやっています。

派 □ farming 名 [fáːrmiŋ] 農業

190 **apartment** [əpáːrtmənt] | アパート；マンション

> Here is my **apartment**.
> ここが私のアパートです。

類 □ mansion 名 [mǽnʃən] 大邸宅

191 **basement** [béismənt] | 地下

> My office is in the **basement**.
> 私の事務所は地下にあります。

類 □ the first basement 地下1階

192 **bathroom** [bǽθrùːm | báːθ-] | （個人宅の）トイレ

> Where is the **bathroom**?
> トイレはどこですか。

類 □ rest room （公共の）トイレ

193 **shelf** [ʃélf] | 棚

> Your bag is on the **shelf**.
> あなたの鞄は棚の上にありますよ。

類 □ bookshelf 名 [búkʃèlf] 本棚

194 stairs
[stéərz]
階段

> Go up the **stairs** and wait.
> 階段を上がって待っててください。

類 □ staircase 名 [stéərkèis] 階段

195 ladder
[lǽdər]
はしご

> Where is the **ladder**?
> はしごはどこにありますか。

類 □ stairs 名 [stéərz] 階段

196 microwave
[máikrəwèiv]
電子レンジ

> Our **microwave** broke down.
> うちの電子レンジがこわれました。

類 □ microwave oven 電子レンジ

197 mobile phone
携帯電話

> Give me the number of your **mobile phone**.
> きみの携帯の電話番号教えて。

類 □ cell phone 携帯電話

198 entrance
[éntrəns]
入り口

> This building has only one **entrance**.
> このビルには入り口が1つしかない。

反 □ exit 名 [éɡzət, éksət, éksit, éɡzit] 出口

199 exit
[égzət, éksət, éksit, égzit]

出口

> The **exit** is on the second floor.
> 出口は2階にあります。

類 □ emergency exit 非常口

200 furniture
[fə́ːrnitʃər]

家具

> A new **furniture** store opened last week.
> 先週新しい家具店が開店しました。

類 □ furnishing store 家具屋

201 garbage
[gáːrbidʒ]

ゴミ

> Today is not a **garbage** day.
> 今日はゴミの日ではありません。

類 □ garbage can ゴミ箱

202 baggage
[bǽgidʒ]

荷物

> Let's get our **baggage**.
> 荷物を取りにいきましょう。

類 □ luggage 名 [lʌ́gidʒ] 荷物

203 dormitory
[dɔ́ːrmətɔ̀ːri | -təri]

寮

> I'm living in a **dormitory**.
> 私は寮に住んでいます。

類 □ dorm 名 [dɔ́ːrm] 寮（dormitoryの略）

204 □ **glasses** [glǽs | glάːs] : メガネ

> I'm looking for my **glasses**.
> メガネを探しているんです。

類 □ contact 名 [kάntækt | kɔ́n-] コンタクトレンズ

205 □ **stapler** [stéiplər] : ホチキス

> Can I use your **stapler**?
> あなたのホチキスを借りてもいいですか。

派 □ staple 名 [stéipəl] ホチキスの針

206 □ **scissors** [sízərz] : はさみ

> I bought a pair of **scissors**.
> はさみを1本買いました。

類 □ glue 名 [glúː] 糊

207 □ **envelope** [énvəlòup] : 封筒

> Where are the **envelopes**?
> 封筒はどこにあるのですか。

類 □ stamp 名 [stǽmp] 切手

208 □ **vase** [véis, véiz, vάːz] : 花瓶

> There is a **vase** on the table.
> テーブルの上に花瓶があります。

類 □ glass vase ガラスの花瓶

209 □ **pot** [pát, pɔ́t] | 鉢

> There are two flower **pots** in the garden.
> 庭に植木鉢が2つあります。

派 □ **pottery** 名 [pátəri | pɔ́t-] 陶器

210 □ **vegetable** [védʒətəbəl] | 野菜

> You should eat a lot of **vegetables**.
> 野菜をたくさんとるべきですよ。

類 □ **fruit and vegetable(s)** 果物と野菜

211 □ **grass** [grǽs, grɑ́:s] | 草

> There was no **grass** on the ground.
> 地面には草がまったく生えていなかった。

派 □ **grassy** 形 [grǽsi, grɑ́:si] 草の多い

212 □ **woods** [wúdz] | 森

> The factory was in the **woods**.
> その工場は森の中にありました。

類 □ **forest** 名 [fɔ́:rəst] 森

213 □ **cleaner's** [klí:nərz] | クリーニング店

> I'll go to the **cleaner's**.
> クリーニング店に行ってきます。

類 □ **barber's** 名 [bɑ́:rbər] 床屋

214 **clothes**
[klóuz, klóuðz]

洋服

> We bought some **clothes** in the supermarket.
> 私たちはスーパーマーケットで衣類を買いました。

類 □ food 名 [fu:d] 食品

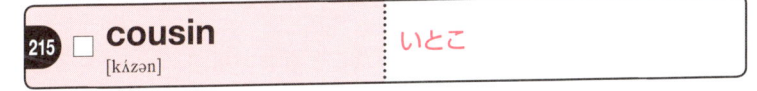

215 **cousin**
[kʌ́zən]

いとこ

> I have three **cousins**.
> 私には3人のいとこがいます。

類 □ relative 名 [rélətiv] 親族

216 **dish**
[díʃ]

料理

> What kind of **dish** do you like?
> どんな料理が好きですか。

類 □ plate 名 [pléit] 料理（1人前）

単語学習のコツ　Part ①

まず、単語を３つの段階にわける

　英単語を覚えようとするときには、まず、単語を次の3種類にわけてみましょう。

　　第１段階　見たことも聞いたこともない単語
　　第２段階　見たことはあるが意味はわからない単語
　　第３段階　意味がわかる単語

　中でも、この第２段階を意識することが大事です。英単語には「知っているか」「知らないか」だけではなく、「何となく知っているような気がする」ものもあるのです。そして、だれでも、第１段階から第２段階へ、第２段階から第３段階へと「昇格させる」という道筋を経て、自分のものにしていきます。言い換えれば、初めて見た単語をなかなか覚えられないのは当たり前。学校や会社に入ったときには同じように見えていた周りの人たちが、日々会うことで次第に識別できるようになっていくのに似ています。また、このように時間をかけて覚えれば、一夜漬けで覚えた単語とは異なり、長期間記憶に定着します。

　「自分は記憶力が悪いのではないか」「自分の脳には英単語が入らないのかもしれない」などと悲観的にならないことが大事です。

第2章

ゼッタイ基礎の
動詞114

Verbs

★★★ 超重要基礎単語 ……… 62

☆★★ 重要基礎単語 ……… 72

☆☆★ 基礎単語 ……… 82

動詞 ★★★ Level 1　超重要基礎単語

1 □ **describe**
[diskráib]
他 描写する；説明する

> Can you **describe** the new model?
> その新型モデルについて説明してくれますか。

派 □ description 名 [diskrípʃən] 描写；説明

2 □ **express**
[iksprés | eks-]
他 表す

> The President **expressed** concern.
> 大統領は懸念を表明した。

派 □ expression 名 [ikspréʃən | eks-] 表現；表情

3 □ **mention**
[ménʃən]
他 〜について述べる

> The manager didn't **mention** the new plan.
> 課長はその新計画についての話はしませんでした。

類 □ Don't mention it. どういたしまして。

4 □ **add**
[ǽd]
他 加える

> **Add** some more salt.
> もう少し塩を加えてください。

類 □ pour 他 [pɔ́ːr] 注ぐ

5 □ **join**
[dʒɔ́in]
他 加わる

> I'll **join** you later.
> あとでみなさんに合流します。

類 □ joint venture 共同事業

6. work
[wə́ːrk]
自 作動する

> The new system doesn't **work** well.
> 新しいシステムがうまく作動しません。

類 □ operate 他 [ápərèit | ɔ́p-] 稼働する

7. afford
[əfɔ́ːrd]
他 買う余裕がある

> I can't **afford** a car now.
> いまは車を買うお金がない。

派 □ affordable 形 [əfɔ́ːrdəbl] 手ごろな価格の

8. submit
[səbmít]
他 提出する

> **Submit** the report by Friday.
> その報告書は金曜日までに提出しなさい。

類 □ hand in 提出する　□ turn in 提出する

9. announce
[ənáuns]
他 発表する

> The president **announced** a new plan.
> 社長が新しい計画を発表した。

派 □ announcement 名 [ənáunsmənt] 発表

10. apologize
[əpɑ́lədʒàiz | əpɔ́l-]
自 謝る

> We **apologize** for the delay.
> 遅れが発生したことをお詫び申し上げます。

派 □ apology 名 [əpɑ́lədʒi | əpɔ́l-] 謝罪

11. accept
[əksépt | æk-]
他 受け入れる

> I can't **accept** your offer.
> あなたの申し入れを受け入れることはできません。

反 □ refuse 他 [rifjúːz] 拒否する

12. admit
[ədmít]
他 認める

> You should **admit** your mistake.
> 自分の間違いを認めるべきですよ。

派 □ admission 名 [ədmíʃən] 入場；入場料

13. approve
[əprúːv]
他 許可する

> The government didn't **approve** the medicine.
> 政府はその薬を認可しなかった。

派 □ approval 名 [əprúːvəl] 認可

14. agree
[əgríː]
自 同意する

> Everybody **agreed** on my ideas.
> 全員が私の案に同意してくれた。

反 □ disagree 自 [dìsəgríː] 反対する

15. confirm
[kənfə́ːrm]
他 確認する

> I'd like to **confirm** my order.
> 注文内容を確認したいのですが。

派 □ confirmation 名 [kɑ̀nfərméiʃən | kɔ̀n-] 確認

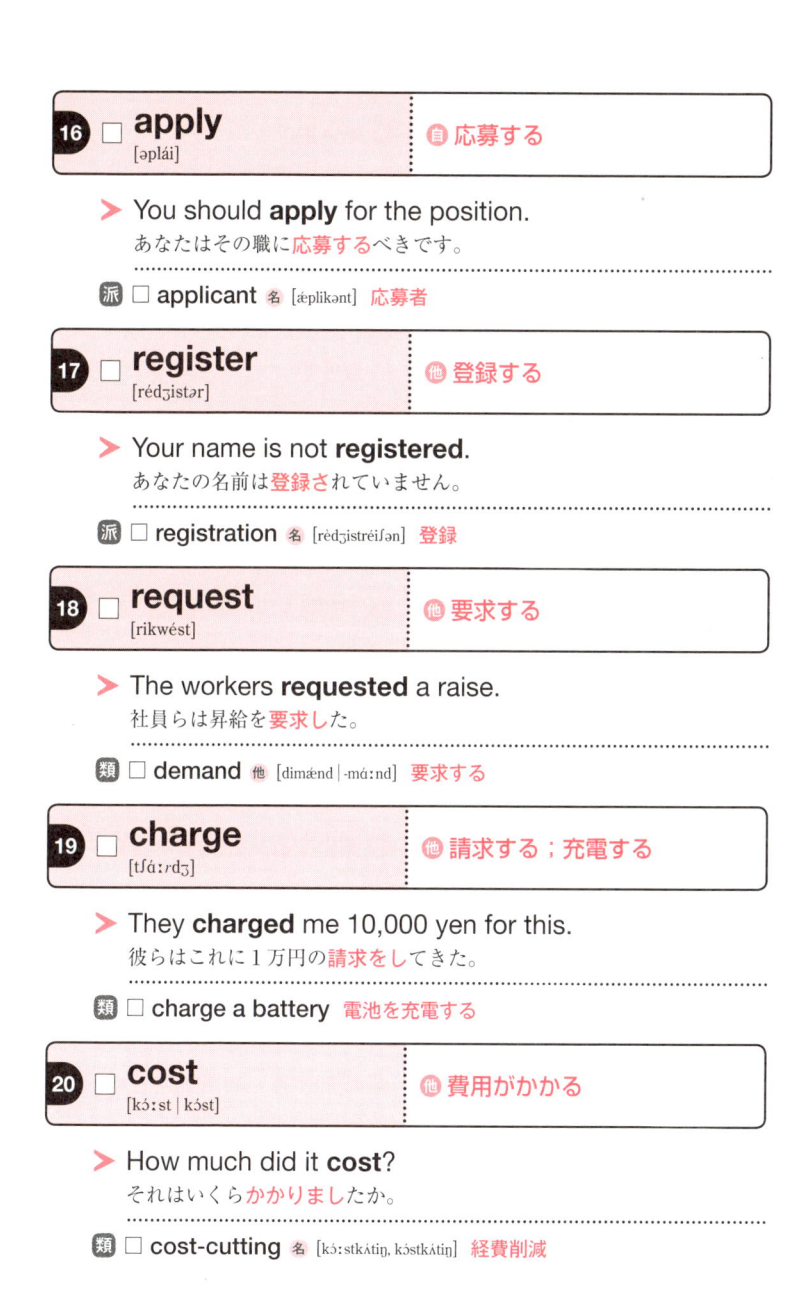

16. apply
[əplái] — 自 応募する

> You should **apply** for the position.
> あなたはその職に応募するべきです。

派 □ applicant 名 [ǽplikənt] 応募者

17. register
[rédʒistər] — 他 登録する

> Your name is not **registered**.
> あなたの名前は登録されていません。

派 □ registration 名 [rèdʒistréiʃən] 登録

18. request
[rikwést] — 他 要求する

> The workers **requested** a raise.
> 社員らは昇給を要求した。

類 □ demand 他 [dimǽnd | -máːnd] 要求する

19. charge
[tʃáːrdʒ] — 他 請求する；充電する

> They **charged** me 10,000 yen for this.
> 彼らはこれに1万円の請求をしてきた。

類 □ charge a battery 電池を充電する

20. cost
[kɔ́ːst | kɔ́st] — 他 費用がかかる

> How much did it **cost**?
> それはいくらかかりましたか。

類 □ cost-cutting 名 [kɔ́ːstkʌ̀tiŋ, kɔ́stkʌ̀tiŋ] 経費削減

動詞

Level 1

21. spend [spénd] 他 費やす

> You **spend** too much money on food.
> あなたは食べ物にお金を使いすぎです。

派 □ spending 名 [spéndiŋ] 支出

22. reduce [ridjú:s] 他 減らす

> The company **reduced** our budget.
> 会社が私たちの予算を減らした。

派 □ reduction 名 [ridʌkʃən] 減少

23. decline [dikláin] 自 下がる

> Our sales are **declining** these days.
> ここのところ我が社の売上が落ちている。

反 □ rise 自 [ráiz] 上昇する

24. decrease [di:krí:s] 自 減少する 他 減少させる

> Sales are **decreasing**.
> 売上が減少している。

反 □ increase 自 [inkrí:s] 増加する

25. increase [inkrí:s] 自 増加する 他 増加させる

> We need to **increase** our staff.
> 私たちはスタッフを増員する必要がある。

派 □ increasing 形 [inkrí:siŋ] 増加しつつある

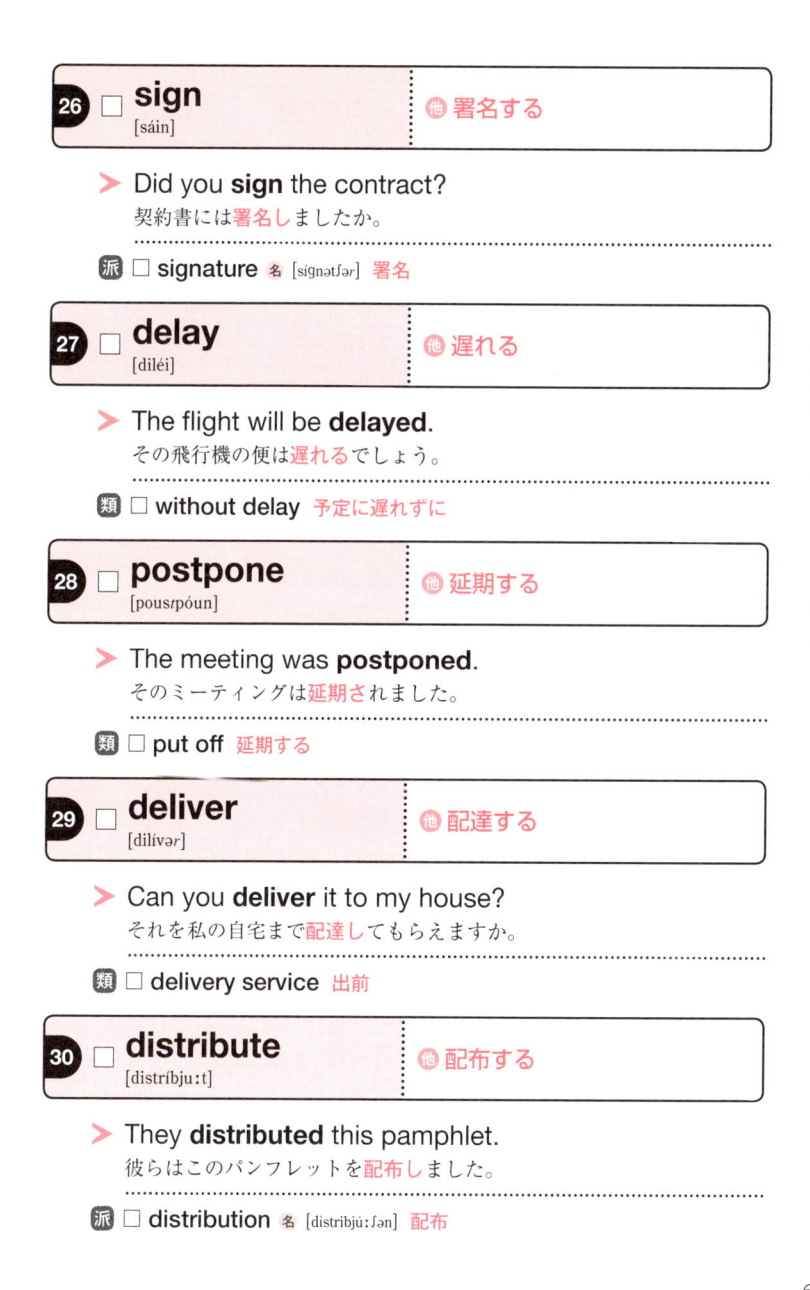

26 sign
[sáin]
他 署名する

> Did you **sign** the contract?
> 契約書には署名しましたか。

派 □ signature 名 [sígnətʃər] 署名

27 delay
[diléi]
他 遅れる

> The flight will be **delayed**.
> その飛行機の便は遅れるでしょう。

類 □ without delay 予定に遅れずに

28 postpone
[poʊsɾpóʊn]
他 延期する

> The meeting was **postponed**.
> そのミーティングは延期されました。

類 □ put off 延期する

29 deliver
[dilívər]
他 配達する

> Can you **deliver** it to my house?
> それを私の自宅まで配達してもらえますか。

類 □ delivery service 出前

30 distribute
[distríbjuːt]
他 配布する

> They **distributed** this pamphlet.
> 彼らはこのパンフレットを配布しました。

派 □ distribution 名 [distribjúːʃən] 配布

動詞 Level 1

31. establish
[istǽbliʃ | es-]
他 設立する

> Our school was **established** in 1901.
> 私たちの学校は1901年に設立されました。

類 □ found 他 [fáund] 創設する

32. found
[fáund]
他 創設する

> Our company was **founded** by a college student.
> 当社はひとりの大学生によって創設されました。

反 □ close down 廃業する

33. develop
[divéləp]
他 開発する

> We **develop** new robots here.
> 私たちはここで新しいロボットを開発しています。

類 □ research and development 研究開発

34. expect
[ikspékt | eks-]
他 期待する

> Don't **expect** too much.
> あまり期待しすぎないでください。

派 □ expectation 名 [èkspektéiʃən] 期待

35. improve
[imprúːv]
他 改善する

> We should **improve** the system.
> 私たちはそのシステムを改善しなくてはなりません。

反 □ worsen 他 [wə́ːrsn] 悪化させる

36. include [inklú:d]
他 含む

> Our trip **includes** lunch at the Hotel Okura.
> 私たちの旅行にはホテルオークラでの昼食が含まれています。

反 □ exclude 他 [iksklú:d | eks-] 除外する

37. introduce [ìntrədjú:s]
他 紹介する

> Let me **introduce** you to our president.
> あなたをうちの社長に紹介しましょう。

派 □ introduction 名 [ìntrədʌ́kʃən] 紹介

38. recommend [rèkəménd]
他 推薦する

> What do you **recommend**?
> おすすめは何ですか。

派 □ recommendation 名 [rèkəmendéiʃən] 推薦（状）

39. invest [invést]
他 投資する

> I **invested** one million yen into the new business.
> 私はその新規事業に100万円を投資しました。

派 □ investment 名 [invés(t)mənt] 投資

40. locate [lóukeit | loukéit]
他 位置させる

> Our head office is **located** in Nagoya.
> 当社の本社は名古屋にあります。

派 □ location 名 [loukéiʃən | lə(u)-] 位置；場所

動詞 Level 1

41. park
[páːrk] 他 駐車する

> Can I **park** my car here?
> 車をここにとめてもいいですか。

類 □ parking lot　駐車場

42. offer
[ɔ́ːfər | ɔ́fə] 他 提供する

> I'll **offer** you a position in the new company.
> あなたに新会社での就職口を提供します。

類 □ job offer　仕事の口

43. provide
[prəváid] 他 提供する

> He **provided** us with details.
> 彼は私たちに詳細を提供してくれました。

類 □ supply 他 [səplái]　支給する

44. prepare
[pripéər] 他 準備する

> I'll **prepare** lunch for you.
> あなたにお昼ご飯を作ってあげます。

類 □ fix lunch　昼ご飯の用意をする

45. hire
[háiər] 他 雇う

> We will **hire** 500 people this year.
> 当社では今年500人を採用します。

類 □ employ 他 [implɔ́i]　雇用する

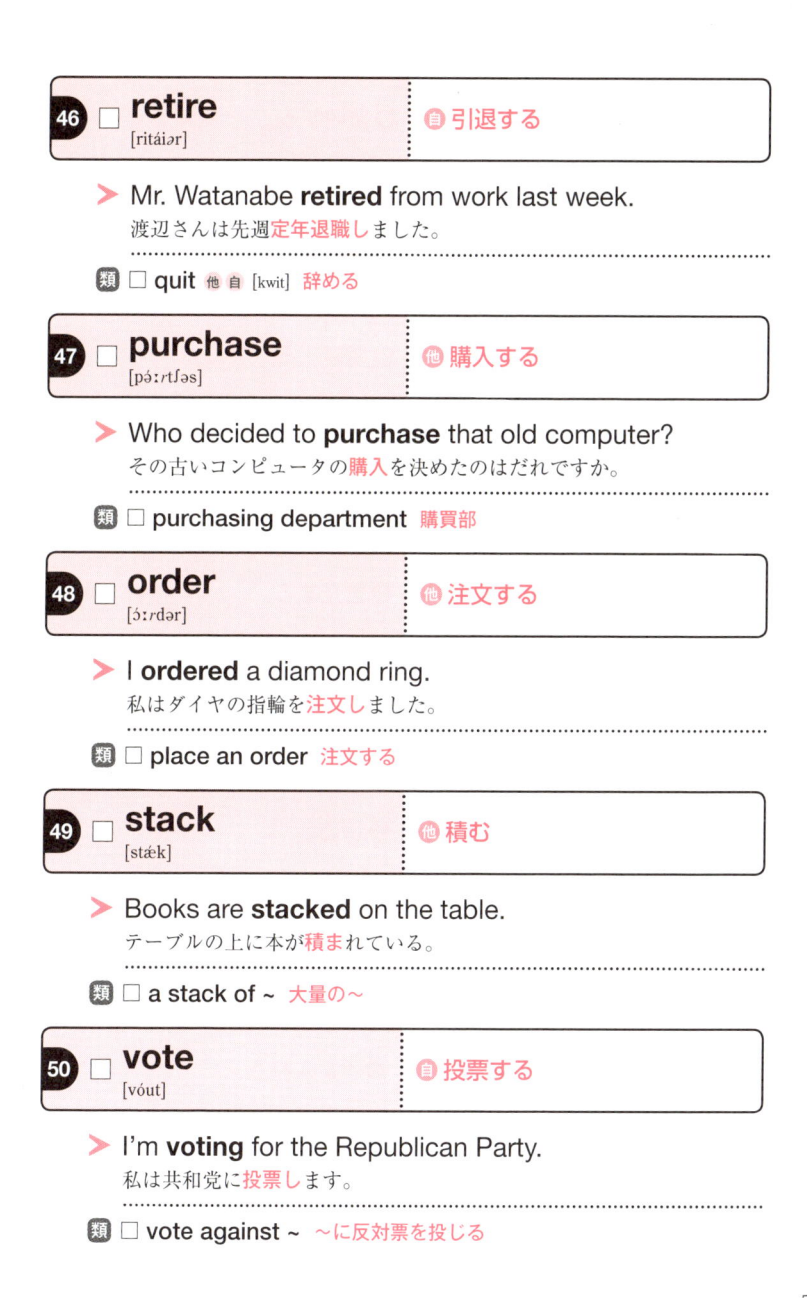

46 retire
[ritáiər]

自 引退する

> Mr. Watanabe **retired** from work last week.
> 渡辺さんは先週定年退職しました。

類 □ quit 他 自 [kwit] 辞める

47 purchase
[pə́ːrtʃəs]

他 購入する

> Who decided to **purchase** that old computer?
> その古いコンピュータの購入を決めたのはだれですか。

類 □ purchasing department 購買部

48 order
[ɔ́ːrdər]

他 注文する

> I **ordered** a diamond ring.
> 私はダイヤの指輪を注文しました。

類 □ place an order 注文する

49 stack
[stǽk]

他 積む

> Books are **stacked** on the table.
> テーブルの上に本が積まれている。

類 □ a stack of ~ 大量の~

50 vote
[vóut]

自 投票する

> I'm **voting** for the Republican Party.
> 私は共和党に投票します。

類 □ vote against ~ ~に反対票を投じる

動詞 Level 1

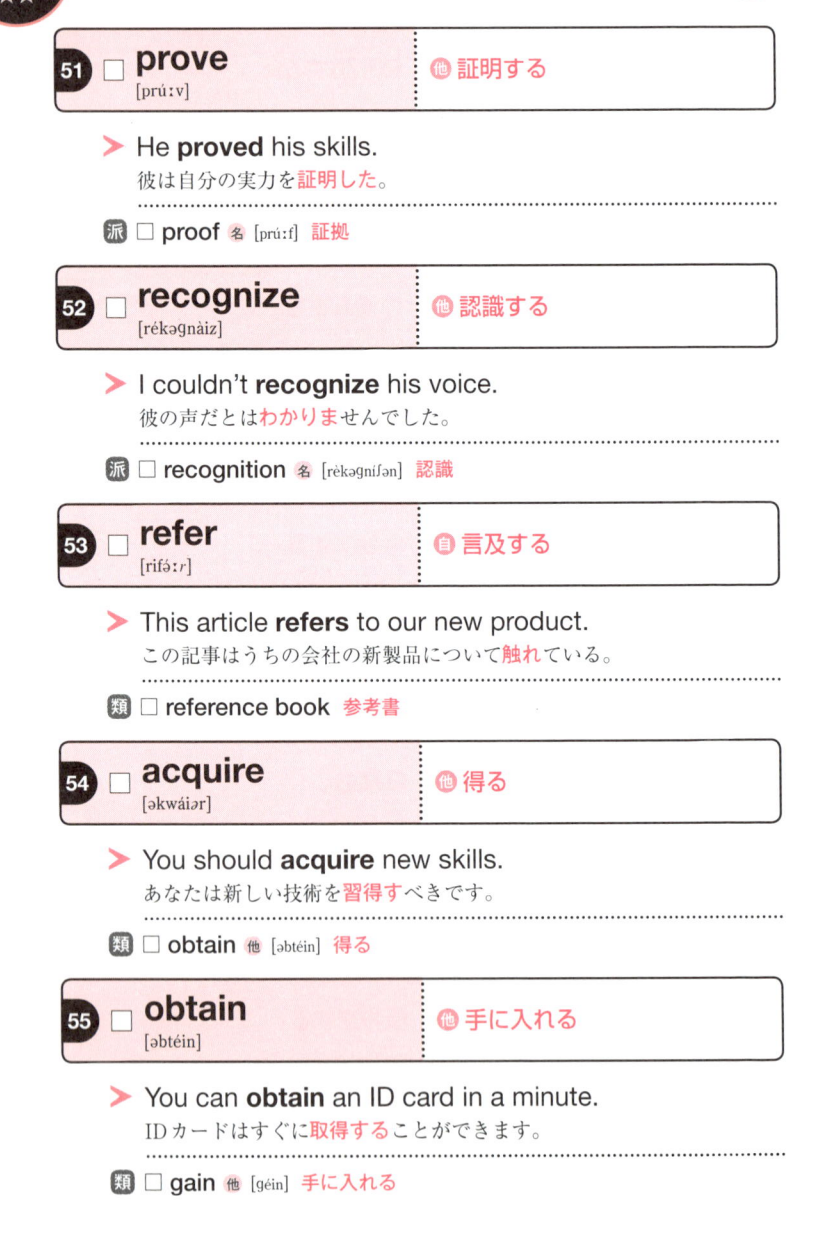

動詞 ★★ **Level 2**　重要基礎単語

51. prove [prúːv]
他 証明する

> He **proved** his skills.
> 彼は自分の実力を証明した。

派 □ proof 名 [prúːf] 証拠

52. recognize [rékəgnàiz]
他 認識する

> I couldn't **recognize** his voice.
> 彼の声だとはわかりませんでした。

派 □ recognition 名 [rèkəgníʃən] 認識

53. refer [rifə́ːr]
自 言及する

> This article **refers** to our new product.
> この記事はうちの会社の新製品について触れている。

類 □ reference book 参考書

54. acquire [əkwáiər]
他 得る

> You should **acquire** new skills.
> あなたは新しい技術を習得すべきです。

類 □ obtain 他 [əbtéin] 得る

55. obtain [əbtéin]
他 手に入れる

> You can **obtain** an ID card in a minute.
> IDカードはすぐに取得することができます。

類 □ gain 他 [géin] 手に入れる

56 hesitate
[hézitèit]
自 ためらう

> Don't **hesitate** to call me.
> 遠慮なくお電話ください。

派 □ hesitation 名 [hèzitéiʃən] ためらい

57 deny
[dinái]
他 否定する

> She didn't **deny** the rumor.
> 彼女はそのうわさを否定しなかった。

派 □ denial 名 [dináiəl] 否定；拒否

58 refuse
[rifjúːz]
他 拒否する

> I was **refused** admission at the gate.
> 私は門のところで入場を拒否されました。

類 □ decline 自 [dikláin] 断る

59 permit
[pərmít]
他 許可する

> They will never **permit** access.
> 彼らは絶対にアクセスを許可しません。

派 □ permission 名 [pərmíʃən] 許可

60 enable
[inéibəl]
他 ～できるようにさせる

> This method **enables** you to read faster.
> この方法であなたはこれまでより速く読むことができます。

類 □ able 形 [éibl] 能力のある

61 □ **progress**
[prəgrés]
⾃ 進歩する

> The work is **progressing** slowly.
> その作業はゆっくりと進んでいます。

類 □ make progress　進歩する

62 □ **dismiss**
[dismís]
他 解雇する

> The new manager was already **dismissed**.
> その新しい課長がもう解雇された。

類 □ lay off　解雇する

63 □ **fire**
[fáiər]
他 くびにする；解雇する

> Our company never **fires** workers.
> うちの会社は決して社員をくびにはしない。

反 □ hire　他　[háiər]　雇う

64 □ **engage**
[ingéidʒ]
他 従事する

> You are **engaged** in important business.
> あなたは重要な仕事に従事しているのです。

派 □ engagement　名　[ingéidʒmənt]　取り組み；婚約

65 □ **serve**
[sə́ːrv]
他 給仕する

> I'll **serve** you tonight.
> 今夜は私が給仕いたします。

類 □ I'm at your service.　何なりとお申し付けください。

66 **cause** [kɔ́ːz] 他 原因になる

> The heat from the sun **caused** the fire.
> 太陽の熱がその火事の原因になった。

類 □ cause and effect 原因と結果

67 **compare** [kəmpéər] 他 比べる

> Let's **compare** these two materials.
> この2つの材料を比べてみましょう。

派 □ comparison 名 [kənpǽrisn] 比較

68 **complain** [kəmpléin] 自 文句を言う

> You're **complaining** too much.
> あなたは文句を言いすぎです。

派 □ complaint 名 [kəmpléint] 文句；不平不満

69 **disappoint** [dìsəpɔ́int] 他 落胆させる

> I was so **disappointed**.
> 私はとてもがっかりしました。

派 □ disappointment 名 [dìsəpɔ́intmənt] 落胆

70 **fail** [feil] 他 失敗する；（試験などに）落ちる

> I **failed** the exam.
> 私はその試験に落ちました。

派 □ failure 名 [féiljər] 失敗

動詞 Level 2

71. insist
[insíst]
自 主張する

> He always **insists** on his own way.
> 彼はいつでも自分のやり方を主張する。

類 □ claim 自 [kléim] 主張する

72. stress
[strés]
他 強調する

> I should **stress** this point.
> 私はこの点を強調しなくてはなりません。

類 □ feel stress ストレスを感じる

73. investigate
[invéstigèit]
他 調査する；捜査する

> The police are **investigating** the case.
> 警察がその事件を捜査しています。

派 □ investigation 名 [invèstigéiʃən] 調査

74. seek
[síːk]
他 探す

> I'm **seeking** a job.
> 私は仕事を探しています。

類 □ look for ~ ~を探す

75. last
[læst, lɑːst]
自 続く

> The meeting **lasted** for 10 hours.
> そのミーティングは10時間続いた。

類 □ continue 自 [kəntínjuː] 継続する

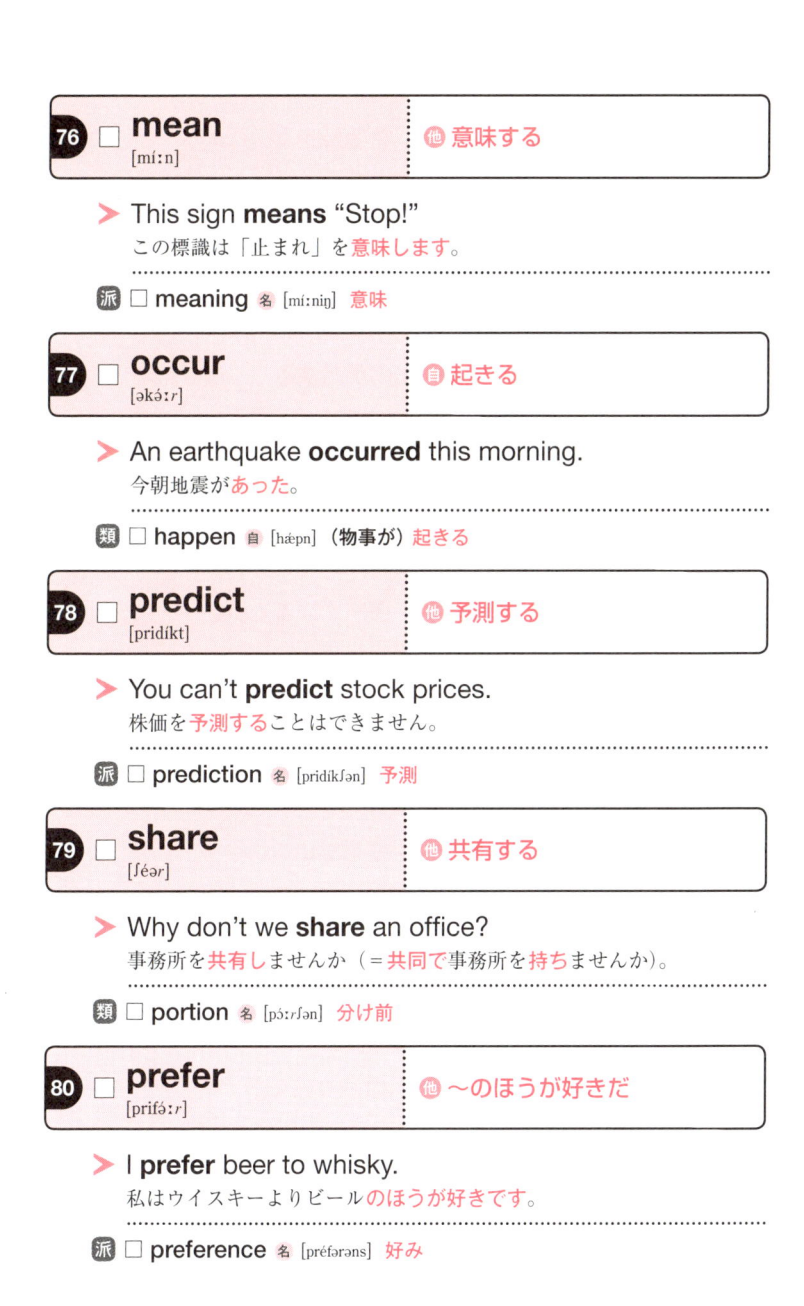

76 mean
[míːn]
他 意味する

> This sign **means** "Stop!"
> この標識は「止まれ」を意味します。

派 □ meaning 名 [míːniŋ] 意味

77 occur
[əkə́ːr]
自 起きる

> An earthquake **occurred** this morning.
> 今朝地震があった。

類 □ happen 自 [hǽpn] （物事が）起きる

78 predict
[pridíkt]
他 予測する

> You can't **predict** stock prices.
> 株価を予測することはできません。

派 □ prediction 名 [pridíkʃən] 予測

79 share
[ʃéər]
他 共有する

> Why don't we **share** an office?
> 事務所を共有しませんか（＝共同で事務所を持ちませんか）。

類 □ portion 名 [pɔ́ːrʃən] 分け前

80 prefer
[prifə́ːr]
他 〜のほうが好きだ

> I **prefer** beer to whisky.
> 私はウイスキーよりビールのほうが好きです。

派 □ preference 名 [préfərəns] 好み

動詞 Level 2

81 advertise
[ǽdvərtàiz]
他 宣伝する

> We will **advertize** this product on TV.
> 私たちはこの製品をテレビで宣伝します。

派 □ advertisement 名 [ædvərtáizmənt | ædvə́ːrtis- | ədvə́ːtis-] 広告

82 issue
[íʃuː]
他 発行する

> We **issue** 10 monthly magazines.
> 当社では10冊の月刊誌を発行しています。

類 □ the November issue 11月号

83 remain
[riméin]
他 〜のままでいる

> They **remained** silent.
> 彼らは黙ったままでいた。

派 □ remaining 形 [riméiniŋ] 残りの

84 remind
[rimáind]
他 思い出させる

> **Remind** me of the appointment next week.
> その約束のことを来週思い出させてください (=教えてください)。

派 □ reminder 名 [rimáindər] 催促状

85 remove
[rimúːv]
他 取り除く

> This cleaner **removes** dust very quickly.
> この掃除機はほこりをとても速く取り除きます。

派 □ removal 名 [rimúːvəl] 撤去

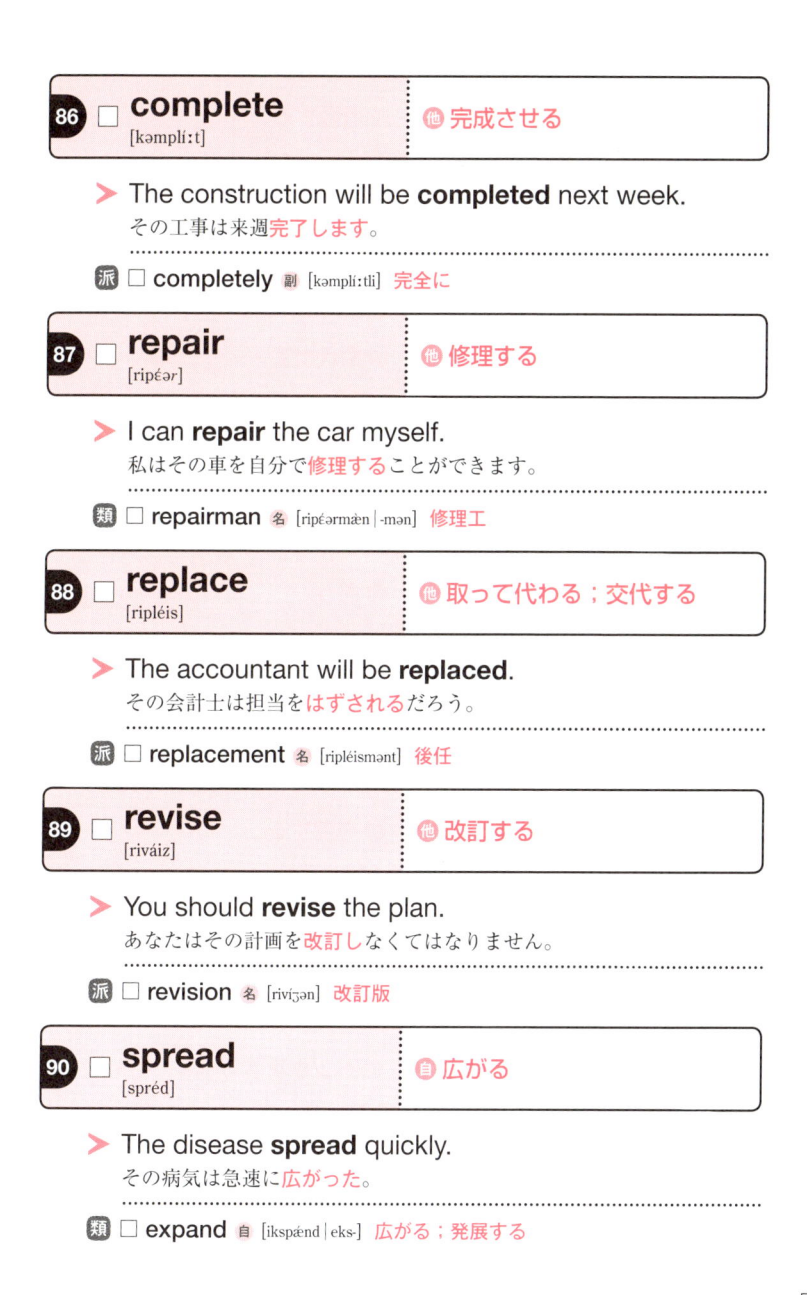

86 complete
[kəmplíːt]
他 完成させる

> The construction will be **completed** next week.
> その工事は来週完了します。

派 □ completely 副 [kəmplíːtli] 完全に

87 repair
[ripέər]
他 修理する

> I can **repair** the car myself.
> 私はその車を自分で修理することができます。

類 □ repairman 名 [ripέərmæn|-mən] 修理工

88 replace
[ripléis]
他 取って代わる；交代する

> The accountant will be **replaced**.
> その会計士は担当をはずされるだろう。

派 □ replacement 名 [ripléismənt] 後任

89 revise
[riváiz]
他 改訂する

> You should **revise** the plan.
> あなたはその計画を改訂しなくてはなりません。

派 □ revision 名 [rivíʒən] 改訂版

90 spread
[spréd]
自 広がる

> The disease **spread** quickly.
> その病気は急速に広がった。

類 □ expand 自 [ikspǽnd|eks-] 広がる；発展する

動詞 Level 2

91 □ **refund**
[riːfʌ́nd]
他 返金する

> The store **refunded** the price.
> その店は代金を返金しました。

類 □ get a refund　返金を受ける

92 □ **withdraw**
[wiðdrɔ́ː | wiθ-]
他 引き出す

> I'll **withdraw** some money.
> お金をおろします。

反 □ deposit 他 [dipázət | -pɔ́zit]　入金する

93 □ **suffer**
[sʌ́fər]
自 患う

> He's **suffering** from a serious disease.
> 彼は重病を患っている。

類 □ come down with ~　~（病気）にやられる

94 □ **worry**
[wə́ːri, wʌ́ri]
自 心配する

> Don't **worry** about me.
> 私のことは心配しないでください。

類 □ anxious 形 [ǽŋkʃəs]　心配している

95 □ **paint**
[péint]
他 ペンキを塗る

> We **paint** a car three times.
> 当社では車を3回塗装します。

派 □ painting 名 [péintiŋ]　絵画

96 board
[bɔ́ːrd]

他 乗る

> He **boarded** an early plane.
> 彼は早朝の飛行機に乗った。

類 ☐ boarding ticket　搭乗券

97 land
[lǽnd]

自 着陸する

> Where will we **land**?
> どこに着陸するのですか。

反 ☐ take off　離陸する

動詞 ★ / Level 3 / 基礎単語

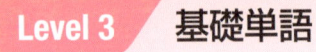

98. broadcast
[brɔ́ːdkæst | -kɑ̀ːst]
他 放送する

> The program will be **broadcast** tonight.
> その番組は今夜放送されます。

類 □ TV station テレビ局

99. measure
[méʒər]
他 測る

> **Measure** the length first.
> まず長さを測ってください。

類 □ weigh 他 [wei] 重さを量る

100. injure
[índʒər]
他 けがをさせる

> No one was **injured** in the accident.
> その事故ではだれもけがをしなかった。

派 □ injury 名 [índʒəri] けが

101. wound
[wúːnd]
他 けがを負わせる

> Ten people were **wounded** in the accident.
> その事故で10人が負傷した。

類 □ toll 名 [tóul] 死傷者

102. hurt
[hə́ːrt]
他 傷つける

> I got **hurt** last week.
> 私は先週けがをしました。

類 □ get injured けがをする

103. burn
[bə́ːrn]
自 燃える

> What are you **burning**?
> 何を燃やしているのですか。

類 □ burnable garbage　燃えるゴミ

104. arrest
[ərést]
他 逮捕する

> Their company president was **arrested**.
> あの会社の社長が逮捕された。

類 □ under arrest　逮捕されて

105. sound
[sáund]
他 ～のように聞こえる

> That **sounds** interesting.
> それはおもしろそうですね。

類 □ sound finance　健全な財政

106. taste
[téist]
他 ～な味がする

> It **tastes** great.
> とてもおいしいです。

派 □ tasty　形 [téisti]　おいしい

107. ignore
[ignɔ́ːr]
他 無視する

> Everybody **ignores** me.
> みんなが私を無視するのです。

類 □ reject　他 [ridʒékt]　拒否する

108 lack
[lǽk]
他 欠ける

> He **lacks** honesty.
> 彼は正直さに欠ける。

類 □ lack of ~ 〜の欠如

109 win
[wín]
自 勝つ

> Our team always **wins**.
> うちのチームは常に勝っている。

反 □ lose 自 [lúːz] 負ける

110 lean
[líːn]
自 寄りかかる

> Don't **lean** against this wall.
> この壁には寄りかからないでください。

類 □ lean forward 前にかがむ

111 empty
[émpti]
他 空にする

> **Empty** the trash can.
> ゴミ箱の中身を空にしなさい。

反 □ fill 他 [fíl] いっぱいにする

112 fold
[fóuld]
他 折りたたむ

> **Fold** the paper three times.
> その紙を3回折りたたんでください。

派 □ folder 名 [fóuldər] 書類ばさみ

113 □ double
[dʌ́bəl]

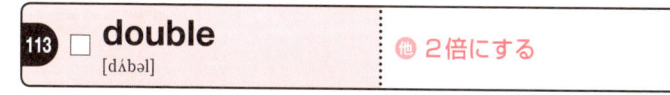

他 ２倍にする

> This product will **double** our sales.
> この製品が当社の売上を倍にするでしょう。

類 □ triple 他 [trípəl] ３倍にする

114 □ triple
[trípəl]

他 ３倍にする

> This model will **triple** our profit.
> このモデルが当社の利益を３倍にするでしょう。

類 □ tricycle 名 [tráisikəl] 三輪車

単語学習のコツ　Part 2

類語・派生語で語彙を増やす

　覚えた単語を最大限に生かして語彙力を伸ばす方法が、類語と派生語の利用です。

　類語とは「意味が同じまたは似ている単語」「反対の意味を持つ単語」「同じ部類の別の単語」のこと。stock「株式」を覚えたらshare「株式」も、export「輸出（する）」を覚えたらimport「輸入（する）」も、million「百万」を覚えたらbillion「十億」やtrillion「一兆」もといった具合に、意味上関連のある単語を調べていきましょう。

　派生語とは「語形が変化してできた別の単語」のことで、たとえば、動詞agree「同意する」に-mentがつくと名詞agreement「同意」と異なる品詞になったり、dis-がつくとdisagree「反対する」と反意語になったりします。

　類語・派生語を調べる方法はいろいろありますが、まずは、英和辞書で同意語・反意語として掲載されているものや前後の見出し語から品詞の異なるものを探してみましょう。

　すべての単語をゼロから覚えるのは大変ですね。このように単語を「家族単位」でとらえれば、知っている単語数が倍増します。

第3章

ゼッタイ基礎の
形容詞・副詞95

Adjectives / Adverbs

★★★　超重要基礎単語 ……… 88
☆★★　重要基礎単語 ……… 96
☆☆★　基礎単語 …… 104

形容詞 副詞 ★★★

Level 1　超重要基礎単語

1 ☐ **capable** [kéipəbəl] ― 形 能力がある

> The new clerk is so **capable**.
> 新しい事務員はとても能力がある。

派 ☐ capacity 名 [kəpǽsəti] 容量

2 ☐ **reliable** [riláiəbəl] ― 形 頼りになる

> You are always **reliable**.
> あなたはいつでも頼りになります。

派 ☐ rely on ~ ～に頼る

3 ☐ **available** [əvéiləbəl] ― 形 手が空いている；入手可能な

> Are you **available** tomorrow morning?
> 明日の午前中、時間ありますか。

類 ☐ I have time. 時間がありますよ。

4 ☐ **confident** [kánfidənt | kɔ́n-] ― 形 自信がある

> Our boss is always **confident**.
> 私たちの上司はいつでも自信を持っている。

派 ☐ confidence 名 [kánfidəns | kɔ́n-] 自信

5 ☐ **otherwise** [ʌ́ðərwàiz] ― 副 そうでなければ

> **Otherwise**, you'll get sick.
> そうしないと、病気になりますよ。

反 ☐ likewise 副 [láikwàiz] 同じように

6. actually [ǽktʃuəli]
副 実際

> **Actually**, he was telling the truth.
> 実際のところ、彼は真実を語っていました。

派 □ actual 形 [ǽktʃuəl] 実際の

7. finally [fáinəli]
副 ついに

> **Finally**, he became President.
> ついに、彼は大統領になった。

派 □ final 形 [fáinəl] 最後の

8. correct [kərékt]
形 正しい

> Which is the **correct** answer?
> どっちが正解ですか。

反 □ incorrect 形 [inkərékt] 間違った

9. current [kə́ːrənt | kʌ́r-]
形 現在の

> What is his **current** job?
> 彼の現在の職業は何ですか。

類 □ present 形 [prézənt] 現在の

10. recent [ríːsnt]
形 最近の

> Here is our **recent** research.
> こちらがわれわれの最近の研究です。

派 □ recently 副 [ríːsntli] 最近

形容詞・副詞 Level 1

11 latest
[léitist]
形 最近の

> Here is our **latest** model.
> こちらが当社の最新モデルです。

類 □ initial 形 [iníʃəl] 最初の

12 lately
[léitli]
副 最近

> I have been gaining weight **lately**.
> 最近体重が増えている。

類 □ recently 副 [ríːsntli] 最近

13 later
[léitər]
副 あとで

> I'll call you **later**.
> あとで電話します。

類 □ See you later. またあとで。

14 former
[fɔ́ːrmər]
形 前の

> Our **former** president will come to the party.
> 当社の前社長がそのパーティに来ます。

反 □ future 形 [fjúːtʃər] 未来の

15 previous
[príːviəs]
形 以前の

> That's my **previous** address.
> それは私のかつての住所です。

派 □ previously 副 [príːviəsli] 以前は；かつては

16. due
[djúː]
形 期限の

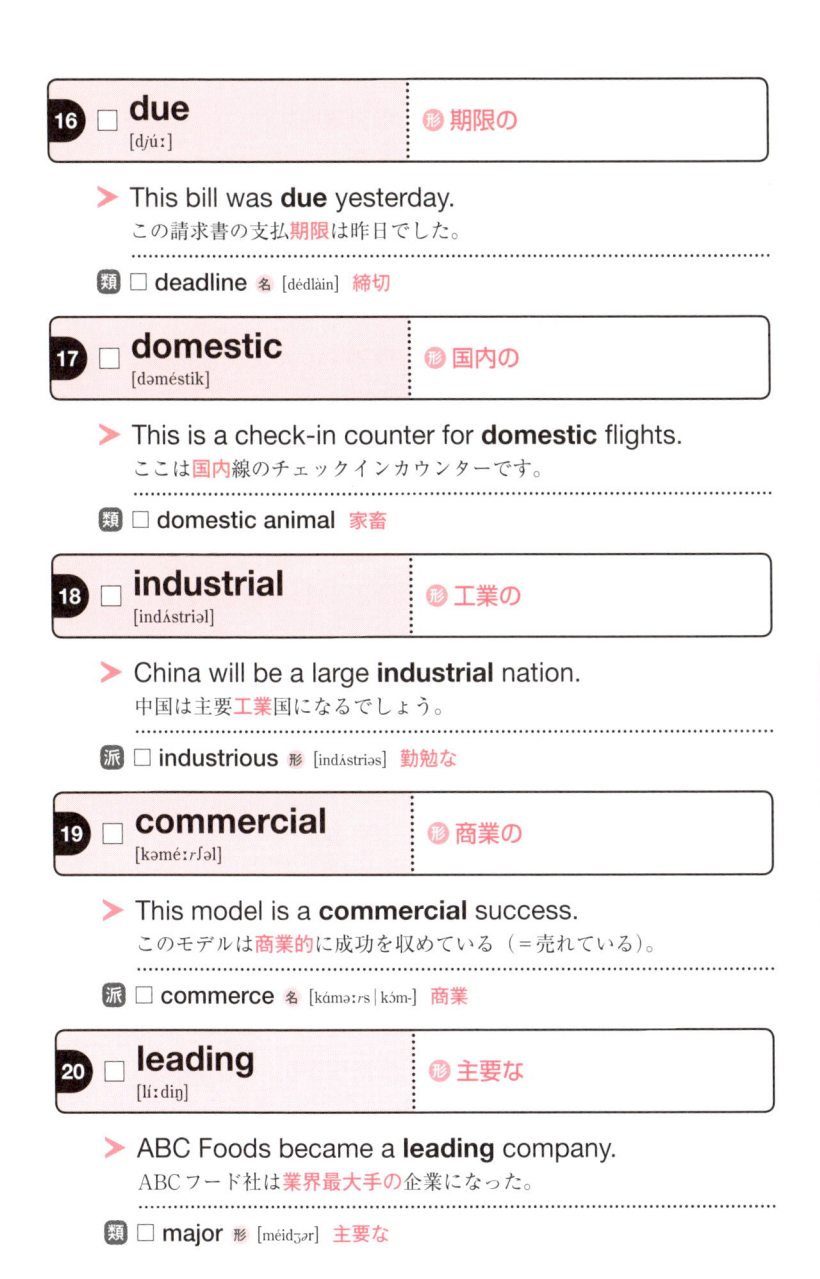

> This bill was **due** yesterday.
> この請求書の支払期限は昨日でした。

類 □ deadline 名 [dédlàin] 締切

17. domestic
[dəméstik]
形 国内の

> This is a check-in counter for **domestic** flights.
> ここは国内線のチェックインカウンターです。

類 □ domestic animal 家畜

18. industrial
[indʌ́striəl]
形 工業の

> China will be a large **industrial** nation.
> 中国は主要工業国になるでしょう。

派 □ industrious 形 [indʌ́striəs] 勤勉な

19. commercial
[kəmə́ːrʃəl]
形 商業の

> This model is a **commercial** success.
> このモデルは商業的に成功を収めている（＝売れている）。

派 □ commerce 名 [kɑ́məːrs | kɔ́m-] 商業

20. leading
[líːdiŋ]
形 主要な

> ABC Foods became a **leading** company.
> ABCフード社は業界最大手の企業になった。

類 □ major 形 [méidʒər] 主要な

形容詞・副詞 Level 1

21. effective
[iféktiv]
形 効果的な

> This medicine was not **effective**.
> この薬は効果的ではありませんでした（＝効きませんでした）。

派 □ effect 名 [ifékt] 効果

22. efficient
[ifíʃənt]
形 効率のよい

> We should be more **efficient**.
> 私たちはもっと効率的にならなくてはいけない。

派 □ efficiency 名 [ifíʃənsi] 効率

23. familiar
[fəmíljər | -iə]
形 よく知っている；精通している

> Bill is **familiar** with computers.
> ビルはコンピュータのことをよく知っている。

反 □ unfamiliar 形 [ʌ̀nfəmíljər] よく知らない；精通していない

24. well-known
[wèlnóun]
形 有名な

> My boss is a **well-known** actor.
> 私の上司は有名な俳優です。

類 □ celebrity 名 [səlébrəti] 有名人

25. likely
[láikli]
形 ありうる；～しがちな

> That's a **likely** story.
> それはありうる話だ。

反 □ unlikely 形 [ʌ̀nláikli] ありえない

26. probably
[prάbəbli | prɔ́b-]

副 おそらく

> **Probably**, it will snow tonight.
> おそらく、今夜は雪が降るでしょう。

派 □ probability 名 [prὰbəbíləti | prɔ̀b-] 確率

27. negative
[négətiv]

形 消極的な；否定的な

> He has a **negative** attitude to work.
> 彼は仕事に対する姿勢が消極的だ。

反 □ positive 形 [pάzətiv | pɔ́z-] 積極的な

28. official
[əfíʃəl]

形 公式な

> This is not our **official** site.
> これは当社の公式サイトではありません。

反 □ unofficial 形 [ʌ̀nəfíʃəl] 非公式の

29. immediately
[imíːdiətli | -dʒət-]

副 すぐに

> You should come back to the office **immediately**.
> すぐに事務所に戻ってきなさい。

類 □ right away すぐに

30. permanent
[pə́ːrmənənt]

形 永久の

> My son has two **permanent** teeth.
> 私の息子には永久歯が2本ある。

類 □ temporary 形 [témpərèri | -pərəri] 一時的な

形容詞・副詞

Level 1

31. practical
[præktikəl]
形 実践的な

> His training is very **practical**.
> 彼のトレーニングは非常に実践的です。

反 □ impractical 形 [impræktikəl] 非現実的な

32. ready
[rédi]
形 用意できている

> Dinner is **ready**.
> 夕飯ができましたよ。

類 □ prepare 他 [pripéər] 用意する

33. independent
[indipéndənt]
形 独立した

> The nation became **independent** last year.
> その国は昨年独立しました。

派 □ independence 名 [indipéndəns] 独立

34. similar
[símələr]
形 同様の

> These two parts look **similar**.
> この２つの部品は見た目が似ています。

類 □ alike [əláik] 形 同様な 副 同じふうに

35. specific
[spəsífik]
形 具体的な

> Give me some **specific** examples.
> 具体例をいくつかあげてください。

反 □ abstract 形 [æbstrækt] 抽象的な

36 □ overtime
[óuvərtàim]
副 残業して

> I work **overtime** everyday.
> 私は毎日残業しています。

類 □ overtime work　残業

37 □ urban
[ə́ːrbən]
形 都会の

> I like **urban** life.
> 私は都会の生活が好きです。

反 □ rural　形 [rúərəl]　田舎の

38 □ annual
[ǽnjuəl]
形 年1回の

> The **annual** meeting is next Tuesday.
> 年次会議は今度の火曜日です。

類 □ monthly　形 [mʌ́nθli]　月1回の　　□ weekly　形 [wíːkli]　週1回の

Level 2 重要基礎単語

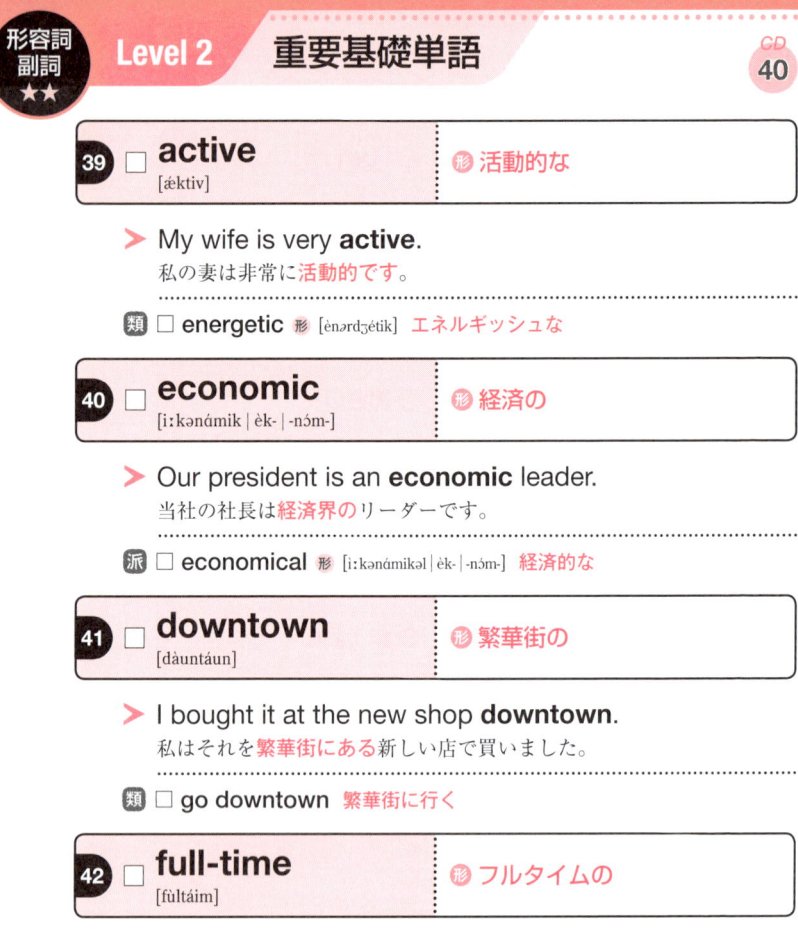

形容詞 副詞 ★★

39 active
[ǽktiv]
形 活動的な

> My wife is very **active**.
> 私の妻は非常に活動的です。

類 □ energetic 形 [ènərdʒétik] エネルギッシュな

40 economic
[ìːkənámik | èk- | -nɔ́m-]
形 経済の

> Our president is an **economic** leader.
> 当社の社長は経済界のリーダーです。

派 □ economical 形 [ìːkənámikəl | èk- | -nɔ́m-] 経済的な

41 downtown
[dàuntáun]
形 繁華街の

> I bought it at the new shop **downtown**.
> 私はそれを繁華街にある新しい店で買いました。

類 □ go downtown 繁華街に行く

42 full-time
[fùltáim]
形 フルタイムの

> I'm looking for a **full-time** job.
> 私は常勤の仕事を探しています。

反 □ part-time 形 [pàːrttáim] 非常勤の

43 entirely
[intáiərli]
副 すっかり

> She **entirely** forgot about the date.
> 彼女はデートのことをすっかり忘れていた。

派 □ entire 形 [intáiər] 全体の

44 ☐ **mainly** [méinli] 副 主に

> The boss was talking **mainly** about himself.
> 上司は主に自分のことを話していました。

類 ☐ mostly 副 [móus(t)li] ほとんど

45 ☐ **brief** [brí:f] 形 短い

> His speech was **brief**.
> 彼のスピーチは短かった。

派 ☐ briefing 名 [brí:fiŋ] 状況説明

46 ☐ **narrow** [nǽrou] 形 狭い

> This street is too **narrow**.
> この道は狭すぎる。

反 ☐ wide 形 [wáid] 広い

47 ☐ **broad** [brɔ́:d] 形 広い

> He has **broad** shoulders.
> 彼は肩幅が広い。

派 ☐ broaden 他 [brɔ́:dn] 広くする

48 ☐ **huge** [hjú:dʒ] 形 巨大な

> Their new factory is **huge**.
> あの会社の新工場は巨大だ。

派 ☐ hugely 副 [hjú:dʒli] 大いに

形容詞・副詞 Level 2

49 □ **crowded** [kráudid]
形 混雑している

> The platform was very **crowded**.
> 駅のホームはとても混雑していた。

派 □ crowd 名 [kráud] 大勢の人たち；群衆

50 □ **vacant** [véikənt]
形 空いている

> This seat is **vacant**.
> この席は空いています。

反 □ occupied 形 [ákjəpàid | ɔ́kju-] 占領された；人がいる

51 □ **subject** [sʌ́bdʒekt]
形 受けやすい

> The price is **subject** to change.
> 価格は変化を受けやすい（＝変動することがある）。

類 □ school subject 学校の教科

52 □ **legal** [líːgəl]
形 法律の

> I need **legal** advice.
> 法的助言がほしい。

派 □ legally 副 [líːgəli] 法律的に；合法的に

53 □ **long-term** [lɔ̀ːŋtə́ːrm]
形 長期の

> We need a **long-term** contract.
> 私たちは長期契約を必要としている。

類 □ short-term 形 [ʃɔ̀ːrttə́ːrm] 短期の

54 short-term
[ʃɔ́ːrttə́ːrm]

形 短期の

> We need a lot of **short-term** workers.
> 当社では多くの短期労働者を必要としています。

類 □ temporary staff 臨時社員；派遣社員

55 tight
[táit]

形 予定がつまっている

> My schedule is too **tight**.
> 私のスケジュールはつまりすぎだ。

派 □ tighten 他 [táitn] きつくする

56 present
[prézənt]

形 現在の

> This is my **present** address.
> これが私の現在の住所です。

類 □ at present 現在

57 out-of-date
[àutəvdéit]

形 時代遅れの

> This shirt is **out-of-date**.
> このシャツは時代遅れです。

反 □ up-to-date 形 [ʌ́ptədéit] 最新の

58 missing
[mísiŋ]

形 あるべきものがない

> The key to the locker is **missing**.
> そのロッカーの鍵がない。

類 □ lost 形 [lɔ́ːst, lάst, lɔ́st] 行方不明である

形容詞・副詞

Level 2

59 unknown
[ʌnnóun]
形 不明の

> The reason of the accident is **unknown**.
> その事故の理由は不明です。

類 □ unclear 形 [ʌnklíər] 不明な

60 strict
[stríkt]
形 厳しい

> Our company rules are very **strict**.
> 当社の社則は非常に厳しい。

派 □ strictly 副 [stríktli] 厳重に

61 satisfied
[sǽtisfàid]
形 満足した

> He is **satisfied** with the result.
> 彼は結果に満足している。

派 □ satisfactory 形 [sæ̀tisfǽktəri] 満足のいくような

62 nervous
[nə́ːrvəs]
形 緊張している

> Don't get **nervous**.
> 緊張しないで。

派 □ nerve 名 [nə́ːrv] 神経

63 surprised
[sərpráizd]
形 驚いている

> I was **surprised** with the news.
> 私はその知らせに驚いた。

派 □ surprise 名 [sərpráiz] 驚き

64. worried
[wə́:rid | wʌ́r-] 形 心配している

> Your mother was **worried** about you.
> お母さんがあなたのことを心配していましたよ。

類 □ concerned 形 [kənsə́:rnd] 心配している

65. suitable
[sú:təbl | sjú:t-] 形 適した

> This room is not **suitable** for meetings.
> この部屋はミーティングに適していない。

派 □ suit 他 [su:t, sjú:t] 合う

66. alive
[əláiv] 副 生きて

> Please come back **alive**.
> 生きて帰ってきてください。

類 □ stay alive 生き延びる

67. medical
[médikəl] 形 医療の

> My dog needs **medical** care.
> うちの犬は治療を必要としている。

派 □ medicine 名 [médsn | médi-] 医学

68. unable
[ʌnéibəl] 形 〜できない

> I was **unable** to reach him.
> 私は彼に連絡を取ることができなかった。

派 □ inability 名 [inəbíləti] 無能

形容詞・副詞

Level 2

69 □ **worthwhile** [wə́ːrθhwáil] 形 価値のある

> My work is not **worthwhile**.
> 私の仕事は価値のあるものではない。

反 □ worthless 形 [wə́ːrθləs] 価値のない

70 □ **hardly** [hάːrdli] 副 ほとんど〜ない

> I **hardly** cook myself.
> 私はほとんど自分で料理をすることはない。

類 □ seldom 副 [séldəm] ほとんど〜ない

71 □ **initially** [iníʃəli] 副 最初は

> **Initially**, I didn't like him.
> 最初、私は彼のことが好きではありませんでした。

派 □ initial 形 [iníʃəl] 最初の

72 □ **additional** [ədíʃənəl] 形 追加の

> That causes an **additional** cost.
> それは追加の経費を発生させます。

類 □ further 形 [fə́ːrðər] さらなる

73 □ **suddenly** [sʌ́dənli] 副 突然

> The rain started **suddenly**.
> 突然、雨が降り出した。

類 □ abruptly 副 [əbrʌ́ptli] 突然

郵便はがき

料金受取人払

杉並支店承認

5082

差出有効期間
平成25年1月
31日まで

1 6 6 - 8 7 9 0

東京都杉並区
　　高円寺北2-29-14-705

Jリサーチ出版

「TOEIC® TEST英単語
　　　　超入門編」 係行

自宅住所電話番号	〒　　　　電話（　　　）		
フリガナ 氏　　名				
メールアドレス				
ご職業 または 学校名		男・女	年齢
ご購入 書店名				

※本カードにご記入いただいた個人情報は小社の商品情報のご案内
　を送付する目的にのみ使用いたします。

愛読者カード

●お手数ですが、ご意見をお寄せください。
　貴重な資料として今後の参考にさせていただきます。

●この本をお買いになった動機についてお書きください。

●本書についてご感想またはとりあげてほしい内容について
　お書きください。

●ご協力ありがとうございました。

※小社新刊案内（無料）を希望する。　　□郵送希望　□メール希望
※お客様のご意見・ご感想を新聞・雑誌広告・小社ホームページ等で掲載してもよい。
　　　　　　　　　　　　　　　　　□実名で　　□匿名（性別・年齢のみ）で

http://www.jresearch.co.jp

74 □ **willing**
[wíliŋ]
形 乗り気である

> My dog is always **willing** to go out.
> うちの犬はいつでも外へ出たいと思っている。

反 □ unwilling 形 [ʌ̀nwíliŋ] 乗り気でない

75 □ **downstairs**
[dáunstéərz]
副 階下へ

> Go **downstairs**.
> 下の階へ行きなさい。

反 □ upstairs 副 [ʌ́pstéərz] 上の階へ

形容詞・副詞 Level 2

Level 3 基礎単語

76. fantastic [fæntǽstik]
形 すばらしい

> His new office is **fantastic**.
> 彼の新しい事務所はすばらしい。

類 □ excellent 形 [éksələnt] すばらしい

77. terrific [tərífik]
形 すばらしい

> The food was **terrific**.
> 料理はすばらしかった。

類 □ splendid 形 [spléndid] すばらしい

78. terrible [térəbəl]
形 ひどい

> His attitude was **terrible**.
> 彼の態度はひどかった。

派 □ terribly 副 [térəbli] ものすごく

79. pleasant [plézənt]
形 楽しい

> It is a **pleasant** surprise.
> それはうれしい驚きです。

派 □ pleasure 名 [pléʒər] 楽しみ

80. excited [iksáitid | ek-]
形 興奮している

> Everybody was **excited** about the news.
> だれもがその知らせに興奮した。

類 □ exciting 形 [iksáitiŋ | ek-] (人を)興奮させるような

81. attractive
[ətræktiv]
形 魅力的な

> The design is very **attractive**.
> そのデザインはとても魅力的です。

反 □ unattractive 形 [ʌ̀nətrǽktiv] 魅力的でない

82. popular
[pɑ́pjələr | pɔ́pju-]
形 人気のある

> This actor is **popular** among women.
> この俳優は女性に人気があります。

派 □ popularity 名 [pɑ̀pjəlǽrəti | pɔ̀pju-] 人気

83. bored
[bɔ́ːrd]
形 飽きた

> I'm **bored** with this game.
> このゲームには飽きた。

派 □ boring 形 [bɔ́ːriŋ] つまらない (物が主語)

84. calm
[kɑ́ːm]
形 静かな；落ち着いた

> You should stay **calm**.
> 落ち着いたままでいるべきです (＝あわてないでください)。

反 □ upset 形 [ʌpsét] 動転している

85. closed
[klóuzd]
形 閉まっている

> The coffee shop was **closed**.
> その喫茶店は閉まっていた。

類 □ gone 形 [gɔ́ːn, gɑ́n, gɔ́n] なくなった

86 dirty
[də́ːrti]
形 汚い

> My room is **dirty**.
> 私の部屋は汚い。

派 □ dirt 名 [də́ːrt] ほこり

87 extreme
[ikstríːm | eks-]
形 極端な

> He has **extreme** opinions.
> 彼は極端な意見を持っている。

派 □ extremely 副 [ikstríːmli | eks-] 非常に

88 harmless
[háːrmləs]
形 無害な

> This chemical is **harmless**.
> この化学薬品は無害です。

反 □ harmful 形 [háːrmfəl] 有害な

89 proud
[práud]
形 誇りある

> We are **proud** of our products.
> 私たちは自社の製品に誇りを持っています。

派 □ pride 名 [práid] 誇り

90 rarely
[réərli]
副 めったに〜ない

> We **rarely** see our president.
> 私たちが社長に会うことはめったにない。

派 □ rare 形 [réər] 珍しい

91 □ **seldom** [séldəm] 副 めったに〜ない

> I **seldom** watch TV.
> 私はほとんどテレビを見ない。

反 □ frequently 副 [fríːkwəntli] 頻繁に

92 □ **thick** [θík] 形 厚い

> His new book is very **thick**.
> 彼の書いた新しい本は分厚い。

派 □ thicken 他 [θíkn] 厚くする；濃くする

93 □ **thin** [θín] 形 薄い

> The new computer is very **thin**.
> その新型コンピュータはとても薄い。

類 □ thin blood さらさらの血液

94 □ **asleep** [əslíːp] 副 寝ていて

> He was **asleep** at that time.
> 彼はそのとき寝ていました。

反 □ awake 副 [əwéik] 起きていて

95 □ **foggy** [fάgi, fɔ́gi] 形 霧が深い

> It was **foggy** early in the morning.
> 早朝は霧が深かった。

派 □ fog 名 [fɑg, fɔg] 霧

形容詞・副詞 Level 3

単語学習のコツ　Part 3

カタカナ語を利用する

　街には英語を語源とした多くのカタカナ語がはんらんしています。その中には英語として正しいものもあれば、間違ったものもあります。たとえば、imageと「イメージ」は同じ意味で使われますが、naïve（ナイーブ）は「世間知らずの」の意味で使われるほうが一般的。「私って繊細だから」のつもりでI'm so naïve. と言うと誤解を招きます。カタカナ語を見たら、必ず辞書を引いて正しい意味を確かめることが必要です。つづりがわからない場合は、カタカナのままインターネットで検索して調べることもできます。

　カタカナ語は日ごろの生活でよく目にするので、印象が強く、知らず知らずのうちに音として記憶しているもの。それを利用しない手はありません。インターネットの「サイト」はsiteですが、Web site以外にもconstruction site「建築現場」のように「現場」の意味でもよく使われます。また、あるペットフードの名称に「ペディグリー」という単語が入っていますが、これはpedigree「血統書」のこと。一見難しそうに見える単語でも、実は身近だったりもします。

　なお、カタカナ語については英語の正確な発音も調べておくことをお勧めします。

第4章

ゼッタイ基礎の
イディオム87

Idioms

★★★　超重要基礎単語 …… 110

☆★★　重要基礎単語 …… 118

☆☆★　基礎単語 …… 126

イディオム ★★★ Level 1 超重要基礎単語

1. according to ~ : ～によると

> **According to** the weather forecast, it will snow tonight.
> 天気予報によると、今夜は雪が降るようです。

類 ☐ The weather forecast said ~ 天気予報では ～と言っていた

2. as a result : 結果として

> **As a result**, he was fired.
> 結果として、彼はくびになった。

類 ☐ consequently 副 [kánsəkwèntli | kɔ́nsikwənt-] その結果

3. no longer : もはや～でない

> He is **no longer** our boss.
> 彼はもう私たちの上司ではありません。

類 ☐ anymore 副 [ènimɔ́ːr] もはや

4. at least : 少なくても

> He sees **at least** 10 clients a day.
> 彼は少なくても一日に10人の顧客に会う。

反 ☐ at most 多くても

5. sooner or later : 遅かれ早かれ

> **Sooner or later**, he will be fired.
> 遅かれ早かれ、彼はくびになるだろう。

類 ☐ It's a matter of time. それは時間の問題だ。

6. as soon as possible
できるだけ早く

> Finish the work **as soon as possible**.
> その仕事をできるだけ早く終えなさい。

類 □ as soon as you can できるだけ早く

7. right away
すぐに

> I'll do that **right away**.
> すぐにそれをやります。

類 □ shortly 副 [ʃɔ́ːrtli] 近いうちに

8. right now
いますぐ

> Should I call the client **right now**?
> そのお客さんにはいますぐ電話をすべきですか。

類 □ at once 即座に

9. at the same time
同時に

> **At the same time**, this will clean the air.
> 同時に、これは空気をきれいにします。

類 □ simultaneously 副 [sàiməltéiniəsli | sim-] 同時に

10. for a long time
長い間

> He was looking for his glasses **for a long time**.
> 彼は長いこと、自分のメガネを探していた。

類 □ for ages 長い時間

イディオム Level 1

11 ☐ be supposed to ~ ｜ ～することになっている

> He **is supposed to** come back at 3:00.
> 彼は3時に戻ってくることになっています。

類 ☐ be scheduled to ~　～する予定になっている

12 ☐ take place ｜ 起きる

> When did the accident **take place**?
> その事故はいつ起きたのですか。

類 ☐ occur 自 [əkə́ːr] 起きる

13 ☐ come up with ~ ｜ ～を思いつく

> Mary **came up with** an excellent idea.
> メアリーはすばらしい案を思いついた。

類 ☐ hit upon ~　～を思いつく

14 ☐ deal with ~ ｜ ～に対処する

> I can't **deal with** those people.
> ああいった人たちとはつき合えない。

類 ☐ deal in ~　～（商品）を扱う

15 ☐ figure out ｜ 理解する

> I couldn't **figure out** his explanation.
> 私は彼の説明を理解することができませんでした。

類 ☐ solve a problem　問題を解決する

16 ☐ **depend on ~** ~次第である

> It **depends on** the situation.
> それは状況次第です。

類 ☐ up to ~ ～次第で

17 ☐ **a few** いくつかの（数の）；少数の

> There were **a few** mistakes.
> 間違いがいくつかありました。

類 ☐ a little いくらかの（量の）；少量の

18 ☐ **a number of ~** 多くの～

> **A number of** people came to the party.
> 多くの人がパーティーに来ました。

類 ☐ the number of ~ ～の数

19 ☐ **as well as ~** ～と同様

> She can speak Chinese **as well as** English.
> 彼女は英語同様、中国語も上手に話せます。

類 ☐ equally 副 [íːkwəli] 同様に

20 ☐ **due to ~** ～のために

> The game was canceled **due to** the snow.
> その試合は雪のために中止となりました。

類 ☐ because of ~ ～のために

イディオム Level 1

113

21 □ in spite of ~ 　～にもかかわらず

> **In spite of** the accident, the plane landed safely.
> その事故があったにもかかわらず、飛行機は無事に着陸した。

類 □ despite ~ 　～にもかかわらず

22 □ instead of ~ 　～の代わりに

> Read novels **instead of** comics.
> 漫画ではなく小説を読みなさい。

類 □ in place of ~ 　～の代わりに

23 □ fill out ~ 　～に必要事項を記入する

> You need to **fill out** this form.
> あなたはこの用紙に必要事項を記入する必要があります。

類 □ fill in ~ 　～（用紙）に記入する

24 □ focus on ~ 　～に焦点をあてる

> Let's **focus on** the financial issue.
> 財政面の問題に焦点をあてましょう。

類 □ concentrate on ~ 　～に集中する

25 □ look forward to ~ 　～を楽しみにする

> I **look forward to** the summer vacation.
> 夏休みが楽しみだ。

類 □ have a good time 　楽しむ

26. hear from ~ — ～から連絡をもらう

> I'd like to **hear from** you within a day.
> 一日以内にあなたから連絡をいただきたいと思います。

類 □ contact 他 [kάntækt | kɔ́n-] ～に連絡をする

27. in addition — 加えて

> **In addition**, you can get a discount.
> それに加えて、値引きもしてもらえますよ。

類 □ additionally 副 [ədíʃənli] さらにその上

28. in charge of ~ — ～の責任者で

> Who's **in charge of** accounting?
> 経理の責任者はだれですか。

類 □ contact person 担当者

29. take part in ~ — ～に参加する

> I'll **take part in** the marathon race.
> 私はそのマラソンレースに参加します。

類 □ participate in ~ ～に参加する

30. work for ~ — ～に勤めている

> I'm **working for** a Swiss company.
> 私はスイスの会社に勤めています。

類 □ be employed by ~ ～に雇用されている

イディオム Level 1

115

31 ☐ lay off | 解雇する

> Our company doesn't **lay off** a single person.
> 当社は1人の社員も解雇しません。

類 ☐ layoff 名 [léiɔ̀f] 解雇

32 ☐ look for ~ | ~を探す

> What are you **looking for**?
> 何を探しているのですか。

類 ☐ search for ~ ~を探す

33 ☐ work on ~ | ~の作業をする

> One hundred people are **working on** this project.
> 100人の人たちがこのプロジェクトに関わっている。

類 ☐ be involved in ~ ~に関わっている

34 ☐ manage to ~ | なんとか~する

> We **managed to** meet the deadline.
> 私たちはなんとか締切に間に合いました。

類 ☐ somehow 副 [sʌ́mhàu] なんとかして

35 ☐ take off | 離陸する

> Our plane **took off** on time.
> 私たちの乗った飛行機は時刻通り離陸しました。

類 ☐ takeoff 名 [téikɔ̀ːf|-ɔ̀f] 離陸

36 □ round trip 　　往復旅行

> How much is a **round trip** ticket?
> 往復のチケットはいくらですか。

類 □ one-way trip 　片道旅行

37 □ on vacation 　　休暇中で

> He is **on vacation** now.
> 彼はいま休暇中です。

類 □ on duty 　勤務中で

38 □ try on 　　試着する

> Can I **try on** these pants?
> このズボンを試着してもいいですか。

類 □ sample 他 [sǽmpəl | sáːm-] 　試食する

39 □ wait in line 　　行列する

> Many people were **waiting in line** at the restaurant.
> そのレストランには多くの人が並んで待っていた。

類 □ stand in line 　列に並ぶ

40 □ on sale 　　売っている；特価で

> Tomatoes are **on sale** today.
> 今日は（セールで）トマトが安い。

類 □ house for sale 　売り家

イディオム Level 1

イディオム ★★ Level 2　重要基礎単語

41. plan to ~ 　〜する計画である

> I'm **planning to** go to Europe.
> 私はヨーロッパに行く予定です。

類 □ plan on ~ing　〜する予定だ

42. get in touch with ~　〜に連絡をとる

> How can I **get in touch with** you tomorrow?
> あなたには明日どうやって連絡をとることができますか。

類 □ reach 他 [ri:tʃ]　連絡をとる

43. hang up　電話を切る

> Don't **hang up** now.
> いま電話を切らないでください。

反 □ hold the line　電話を切らずに待つ

44. Would you like to ~?　〜したいですか

> **Would you like to** know the details?
> 詳しいことを知りたいですか。

類 □ Are you interested in ~ing ?　〜したいですか。

45. Would you mind ~ing?　〜してもかまいませんか

> **Would you mind** speak**ing** more slowly?
> もう少しゆっくりと話していただいてもいいでしょうか。

類 □ I'm wondering if you could ~　〜していただけませんでしょうか

46 ☐ feel like ~ing　〜したい気分だ

> I **feel like** go**ing** out for a beer.
> ビールを飲みに行きたい気分です。

類 ☐ would like to ~　〜したい

47 ☐ hate to ~　〜したくない

> I **hate to** say this, but you're fired.
> これは言いたくありませんが、あなたはくびです。

類 ☐ don't / doesn't feel like ~ing　〜したくない

48 ☐ feel free to ~　遠慮なく〜する

> **Feel free to** ask me any question.
> 遠慮なく質問してください。

類 ☐ Don't hesitate to ~　遠慮なく〜してください

49 ☐ for sure　必ず

> I can say this **for sure**.
> このことは確実に言えます。

類 ☐ definitely 副 [défənətli]　確実に

50 ☐ at the moment　いま

> I can't answer the phone **at the moment**.
> いまは電話に出られません。

類 ☐ for now　いまのところは

51 □ for now — いまのところは

> I don't need help **for now**.
> 私は**いまのところ**、手助けを必要とはしていません。

類 □ at the moment　現在は

52 □ as a matter of fact — 実は

> **As a matter of fact,** we've set up a new company.
> **実は**、私たちは新しい会社を立ち上げたのです。

類 □ to tell you the truth　実は

53 □ a kind of ~ — 一種の~

> This is **a kind of** charity.
> これは**一種の**慈善行為です。

類 □ a sort of ~　一種の~

54 □ in front of ~ — ~の前に

> A red car is parked **in front of** the gate.
> 門の**前に**赤い車がとまっています。

反 □ at the back of ~　~のうしろに

55 □ in short — 手短に言うと；つまり

> **In short**, we will buy that company.
> **手短に言うと**、当社はその会社を買収するということです。

類 □ in fact　実は

56 ☐ in other words ｜ 言い換えると

> **In other words**, we are losing money.
> 言い換えると、当社は損を出しているのです。

類 ☐ I mean ~ つまり、~ということです（~には文が入る）

57 ☐ in particular ｜ とりわけ

> **In particular**, I don't like its color.
> 特にその色が気に入りません。

類 ☐ particularly 副 [pərtíkjələrli | -kiu-] 特に

58 ☐ full of ~ ｜ ~でいっぱいの

> The parking lot was **full of** bicycles.
> その駐輪場は自転車でいっぱいだった。

類 ☐ be filled with ~ ~でいっぱいだ

59 ☐ turn down ｜ 音を小さくする

> Please **turn down** the radio.
> ラジオの音を小さくしてください。

類 ☐ turn up 音を大きくする

60 ☐ turn off ｜ 消す

> You should **turn off** the TV at 8 o'clock.
> テレビは8時に消さなくてはいけませんよ。

類 ☐ switch off スイッチを切る

イディオム

Level 2

61 ☐ turn on | つける

> Can you **turn on** the printer?
> プリンターの電源を入れてくれますか。

類 ☐ switch on スイッチを入れる

62 ☐ one after another | 次から次へと

> Typhoons came **one after another**.
> 台風が次から次へとやって来た。

類 ☐ by turns 代わる代わる

63 ☐ one another | お互いに

> We helped **one another**.
> 私たちはお互いに助け合いました。

類 ☐ mutually 副 [mjúːtʃuəli] 相互に

64 ☐ out of shape | 体調をくずして

> I'm really **out of shape**.
> 私はほんとうに調子が悪い。

反 ☐ in shape 元気で

65 ☐ put on | 身につける

> **Put on** a coat. It's snowing.
> コートを着なさい。雪が降っていますよ。

類 ☐ take off 脱ぐ

66 ☐ **a pair of ~** : ひと組の〜

> I bought **a pair of** glasses at the shop.
> 私はその店でメガネを1本買いました。

類 ☐ a pair of shoes　1足の靴

67 ☐ **run out of ~** : 〜がなくなる

> We've **run out of** salt.
> 塩が切れた。

類 ☐ The salt has run out.　塩が切れた。

68 ☐ **run short of ~** : 〜が少なくなる

> The car is **running short of** gasoline.
> その車はガソリンが残り少なくなってきています。

類 ☐ Gasoline is running short.　ガソリンが足りなくなってきている。

69 ☐ **start with ~** : 〜から始める

> Let's **start with** a beer.
> まずビールから始めましょう。

類 ☐ start from scratch　ゼロから始める

70 ☐ **stop by** : 立ち寄る

> Can I **stop by** the convenience store?
> コンビニエンスストアに寄ってもいいですか。

類 ☐ drop by　立ち寄る

イディオム Level 2

71 ☐ throw away | 捨てる

> Don't **throw away** those batteries.
> その電池を捨てないでください。

類 ☐ **discard** 他 [diskάːrd] 捨てる

72 ☐ pick up | 人を車で拾う

> I'll **pick** you **up** at the airport.
> あなたを空港で拾いますよ（＝空港まで車で迎えに行きますよ）。

類 ☐ **give ~ a ride** ～を車に乗せる

73 ☐ a total of ~ | 合計～の

> They spent **a total of** one million yen at pachinko.
> 彼らはパチンコで合計100万円使った。

類 ☐ **the sum of ~** ～の総額

74 ☐ free of charge | 無料で

> Children can enter the zoo **free of charge**.
> 子どもはその動物園に無料で入れます。

類 ☐ **without charge** 無料で

75 ☐ in the future | 将来

> Ichiro will become a manager **in the future**.
> イチローは将来監督になるだろう。

類 ☐ **in the near future** 近い将来は

76 □ in the past | 過去に

> This job needed 10 people **in the past**.
> この仕事はかつて10人の人を必要としていました。

類 □ previously 副 [priːviəsli] かつては

77 □ behind schedule | スケジュールより遅れて

> Hurry. We're **behind schedule**.
> 急いでください。予定より遅れています。

反 □ ahead of schedule 予定より早く

イディオム Level 3 基礎単語

78. in that case — その場合は

> **In that case**, use a different tool.
> その場合には、別の道具を使いなさい。

類 in any case　どんな場合でも

79. less than ~ — ~未満の

> This steak is **less than** 50 grams.
> このステーキは50グラム未満だ。

反 no less than ~　~以上

80. more than ~ — ~より多い

> **More than** 1,000 people came to the party.
> 1,000人を超える人たちがそのパーティに来ました。

反 no more than ~　わずか~

81. to tell you the truth — ほんとうのことを言うと

> **To tell you the truth**, I am out of work.
> ほんとうは、私、失業しているんです。

類 to be honest with you　正直に言うと

82. on one's way to ~ — ~へ行く途中に

> The president is **on his way to** Hawaii.
> 社長はいまハワイに向かっているところです。

類 I'm on my way.　すぐに行きます。

83 □ at home | 家にいて

> I was **at home** all day yesterday.
> 私は昨日一日中家にいました。

反 □ out 形 [áut] 外出して

84 □ all day | 一日中

> I was sleeping **all day** today.
> 私は今日一日中眠っていた。

類 □ all year round 一年中

85 □ at the center of ~ | ~の中心に

> The flower pot is **at the center of** the table.
> その花瓶はテーブルの中央にある。

類 □ in the middle of ~ ~の真ん中に

86 □ major in ~ | ~を専攻する

> I **majored in** physics.
> 私は物理を専攻しました。

類 □ I was a physics major. 私は物理専攻でした。

87 □ at best | せいぜい

> The battery lasts for three days **at best**.
> その電池はせいぜい3日しかもたない。

類 □ at the longest 長くて

単語学習のコツ Part 4

文脈で覚える

　語彙学習でもっともしてはならないのは、「英単語1語対日本語訳1語」の組み合わせで覚えようとすることです。

　単語は単独で使われることはほとんどありません。たとえば、painはfeel pain「痛みを感じる」と動詞feelと一緒に使うことで初めて意味を成します。この形で覚えておけば、もしpainの意味を忘れてしまったとしても、「feel painと言うから、何か感じるものだな」と思い出すきっかけになります。これを「pain＝痛み」とだけ覚えていると、いったん忘れてしまうと、永遠に記憶から取り出すことができません。

　文脈で覚えると記憶すべき量が多くなると感じるかもしれませんが、その単語が使われる状況を頭の中でイメージしたほうがはるかに定着率が高くなります。

　本書の例文は短いので、そのまま覚えてもけっこうですし、それが無理であれば、in the basementのようにフレーズ単位で覚えても構いません。また、上記のフレーズなら、デパ地下や光の入らない暗い地下室を思い浮かべるなど、自分なりに状況を設定して記憶するといいでしょう。

INDEX

見出し語のみを載せています。

A

- a few ... 113
- a kind of ... 120
- a number of ... 113
- a pair of ... 123
- a total of ... 124
- ability ... 46
- accept ... 64
- accident ... 50
- accommodation ... 33
- according to ... 110
- account ... 32
- accountant ... 20
- accounting ... 20
- acquire ... 72
- active ... 96
- actually ... 89
- additional ... 102
- address ... 42
- address ... 62
- admit ... 64
- advantage ... 16
- advertise ... 78
- afford ... 63
- agency ... 35
- agenda ... 23
- agree ... 64
- agriculture ... 38
- alive ... 101
- all day ... 127
- announce ... 63
- annual ... 95
- apartment ... 54
- apologize ... 63
- application form ... 33
- apply ... 65
- approve ... 64
- area ... 41
- arrest ... 83
- arrival ... 42
- article ... 48
- as a matter of fact ... 120
- as a result ... 110
- as soon as possible ... 111
- as well as ... 113
- asleep ... 107
- aspect ... 17
- assignment ... 23
- at best ... 127
- at home ... 127
- at least ... 110
- at the center of ... 127
- at the moment ... 119
- at the same time ... 111
- attractive ... 105
- audit ... 37
- auto industry ... 38
- automobile ... 39
- available ... 88
- average ... 46
- award ... 48

B

- baggage ... 56
- bargain ... 18
- basement ... 54
- bathroom ... 54
- be supposed to ... 112
- behicle ... 39
- behind schedule ... 125
- benefit ... 20
- bill ... 21
- billion ... 49
- board ... 81
- bored ... 105
- branch ... 27
- brief ... 97
- broad ... 97
- broadcast ... 82
- budget ... 21
- burn ... 83
- business ... 35

C

- calm ... 105
- candidate ... 28
- capable ... 88
- cause ... 75
- CEO ... 25
- charge ... 65
- chart ... 47
- chemical ... 45
- cleaner's ... 58
- client ... 36
- climate ... 43
- closed ... 105
- clothes ... 59
- colleague ... 36
- come up with ... 112
- commercial ... 91
- committee ... 37
- compare ... 75
- competition ... 37
- complain ... 75
- complete ... 79
- conference ... 23
- confident ... 88
- confirm ... 64
- construction ... 29
- consumer ... 17
- content ... 50
- contract ... 22
- cooperation ... 30
- correct ... 89
- cost ... 65
- coupon ... 41
- cousin ... 59

crowded ······· 98
current ······· 89
customer ······· 17

D

damage ······· 37
deal with ······· 112
debt ······· 19
decade ······· 32
decline ······· 66
decrease ······· 66
deficit ······· 19
degree ······· 47
delay ······· 67
deliver ······· 67
demand ······· 39
dentist ······· 52
deny ······· 73
department ······· 26
depend on ······· 113
describe ······· 62
destination ······· 42
develop ······· 68
director ······· 36
dirty ······· 106
disadvantage ······· 16
disappoint ······· 75
disaster ······· 43
disease ······· 44
dish ······· 59
dismiss ······· 74
distribute ······· 67
district ······· 41
division ······· 26
document ······· 24
domestic ······· 91
dormitory ······· 56
double ······· 85
downstairs ······· 103
downtown ······· 96

due ······· 91
due to ······· 113

E

earnings ······· 19
earthquake ······· 51
economic ······· 96
effective ······· 92
efficient ······· 92
effort ······· 46
election ······· 34
employee ······· 27
empty ······· 84
enable ······· 73
engage ······· 74
entirely ······· 96
entrance ······· 55
envelope ······· 57
environment ······· 32
equipment ······· 29
establish ······· 68
estimate ······· 21
excited ······· 104
exeption ······· 48
exercise ······· 45
exit ······· 56
expect ······· 68
expense ······· 21
export ······· 16
express ······· 62
extension ······· 28
extreme ······· 106

F

fail ······· 75
familiar ······· 92
fantastic ······· 104
farmer ······· 54
fault ······· 38
feel free to ······· 119

feel like ~ing ······· 119
figure out ······· 112
fill out ······· 114
finally ······· 89
finance ······· 18
fire ······· 74
focus on ······· 114
foggy ······· 107
fold ······· 84
for a long time ······· 111
for now ······· 120
for sure ······· 119
force ······· 44
forecast ······· 32
former ······· 90
found ······· 68
free of charge ······· 124
fuel ······· 50
full of ······· 121
full-time ······· 96
furniture ······· 56

G

garbage ······· 56
get in touch with ······· 118
glasses ······· 57
government ······· 34
graph ······· 48
grass ······· 58

H

hang up ······· 118
hardly ······· 102
harmless ······· 106
hate to ······· 119
headache ······· 53
headquarters ······· 26
hear from ······· 115
hesitate ······· 73

hire ... 70		measure ... 82
huge ... 97	**J**	medical ... 101
hurt ... 82	join ... 62	medicine ... 45
		memory ... 50
I	**K**	mention ... 62
	key to ... 46	message ... 50
ignore ... 83		microwave ... 55
illness ... 44	**L**	million ... 49
immediately ... 93	lack ... 84	minister ... 35
import ... 16	ladder ... 55	missing ... 99
improve ... 68	land ... 81	mobile phone ... 55
in addition ... 115	lap ... 53	more than ... 126
in charge of ... 115	last ... 76	museum ... 53
in front of ... 120	lately ... 90	
in other words ... 121	later ... 90	**N**
in particular ... 121	latest ... 90	narrow ... 97
in short ... 120	law ... 35	negative ... 93
in spite of ... 114	lawyer ... 51	negotiation ... 22
in that case ... 126	lay off ... 116	nervous ... 100
in the future ... 124	leading ... 91	no longer ... 110
in the past ... 125	lean ... 84	
include ... 69	lecture ... 47	**O**
income ... 19	legal ... 98	objective ... 22
inconvenience ... 38	less than ... 126	obtain ... 72
increase ... 66	likely ... 92	occupation ... 27
independent ... 94	locate ... 69	occur ... 77
industrial ... 91	long-term ... 98	offer ... 70
industry ... 17	look for ... 116	officer ... 52
initially ... 102	look forwad to ... 114	official ... 93
injure ... 82	low ... 32	on one's way to ... 126
insist ... 76		on sale ... 117
instead of ... 114	**M**	on vacation ... 117
institute ... 45	mainly ... 97	one after another ... 122
insurance ... 20	major in ... 127	one another ... 122
introduce ... 69	manage to ... 116	opening ... 27
inventory ... 18	management ... 25	opinion ... 23
invest ... 69	manufacturer ... 39	order ... 71
invetigage ... 76	market ... 17	organization ... 24
invitation ... 33	material ... 29	otherwise ... 88
issue ... 78	mayor ... 51	
	mean ... 77	

131

out of shape ……… 122
out-of-date ……… 99
overtime ……… 95

P

pain ……… 52
paint ……… 80
park ……… 70
party ……… 35
passenger ……… 42
patient ……… 52
payment ……… 20
permanent ……… 93
permit ……… 73
personnel ……… 25
pick up ……… 124
plan to ……… 118
plant ……… 41
pleasant ……… 104
police officer ……… 52
policy ……… 30
politician ……… 34
politics ……… 34
popular ……… 105
position ……… 28
postpone ……… 67
pot ……… 58
power ……… 44
practical ……… 94
practice ……… 45
predict ……… 77
prefer ……… 77
prepare ……… 70
present ……… 99
presentation ……… 24
president ……… 25
previous ……… 90
price ……… 39
prime minister ……… 51
probably ……… 93

product ……… 18
production ……… 40
profit ……… 21
progress ……… 74
promotion ……… 28
proposal ……… 24
proud ……… 106
prove ……… 72
provide ……… 70
public ……… 34
purchase ……… 71
purpose ……… 23
put on ……… 122

Q

qualification ……… 28
quality ……… 40
quantity ……… 40

R

railroad ……… 53
rarely ……… 106
rate ……… 22
ready ……… 94
real estate ……… 29
reason ……… 48
receipt ……… 37
recent ……… 89
recognize ……… 72
recommend ……… 69
record ……… 46
reduce ……… 66
refer ……… 72
refund ……… 80
refuse ……… 73
register ……… 65
regulation ……… 30
relation ……… 31
reliable ……… 88
remain ……… 78

remind ……… 78
remove ……… 78
rent ……… 49
repair ……… 79
replace ……… 79
request ……… 65
researcher ……… 47
reservation ……… 33
result ……… 31
resume ……… 27
retail ……… 18
retire ……… 71
revise ……… 79
right away ……… 111
right now ……… 111
round trip ……… 117
run out of ……… 123
run short of ……… 123

S

sales ……… 26
sales representative ……… 36
satisfied ……… 100
schedule ……… 31
scissors ……… 57
seek ……… 76
seldom ……… 107
serve ……… 74
share ……… 77
shelf ……… 54
short-term ……… 99
sign ……… 67
similar ……… 94
solution ……… 31
sooner or later ……… 110
sound ……… 83
specific ……… 94
spend ……… 66
spread ……… 79

stack ⋯ 71	transportation ⋯ 16	worthwhile ⋯ 102
stairs ⋯ 55	treatment ⋯ 44	Would you like to ~? ⋯ 118
stapler ⋯ 57	triple ⋯ 85	Would you mind ~ing? ⋯ 118
start with ⋯ 123	trouble ⋯ 38	wound ⋯ 82
stock ⋯ 19	try on ⋯ 117	
stomachache ⋯ 53	turn donw ⋯ 121	
stop by ⋯ 123	turn off ⋯ 121	
storm ⋯ 43	turn on ⋯ 122	

U

- unable ⋯ 101
- unknown ⋯ 100
- urban ⋯ 95

- stress ⋯ 76
- strict ⋯ 100
- study ⋯ 31
- subject ⋯ 98
- submit ⋯ 63
- suburbs ⋯ 42
- suddenly ⋯ 102
- suffer ⋯ 80
- suggestion ⋯ 24
- suitable ⋯ 101
- supervisor ⋯ 26
- supplier ⋯ 40
- supply ⋯ 29
- surplus ⋯ 40
- surprised ⋯ 100

V

- vacant ⋯ 98
- value ⋯ 30
- vase ⋯ 57
- vegetable ⋯ 58
- vice president ⋯ 25
- victim ⋯ 43
- vote ⋯ 71

T

W

- wait in line ⋯ 117
- warehouse ⋯ 41
- waste ⋯ 49
- weight ⋯ 51
- well-known ⋯ 92
- willing ⋯ 103
- win ⋯ 84
- withdraw ⋯ 80
- woods ⋯ 58
- work ⋯ 63
- work for ⋯ 115
- work on ⋯ 116
- workplace ⋯ 36
- workshop ⋯ 47
- worried ⋯ 101
- worry ⋯ 80

- take off ⋯ 116
- take part in ⋯ 115
- take place ⋯ 112
- task ⋯ 30
- taste ⋯ 83
- temperature ⋯ 43
- term ⋯ 22
- terrible ⋯ 104
- terrific ⋯ 104
- thick ⋯ 107
- thin ⋯ 107
- throw away ⋯ 124
- tight ⋯ 99
- to tell you the truth ⋯ 126

133

● 著者紹介

霜村和久　Shimomura Kazuhisa

大手英会話学校、サイマル・インターナショナル プログラム開発室室長、ジャパンタイムズ書籍編集担当などを経て、独立。現在、書籍執筆・翻訳、英語研修教材作成・指導などで、幅広く活躍。明海大学非常勤講師（TOEIC 講座担当）、文京学院大学非常勤講師。2005 年 10 月より、週刊 ST（ジャパンタイムズ刊）にて「ヤワらかアタマの英作文教室」連載中。著書に、『TOEIC テストで 500 点を確実にとる』『TOEIC テストで 700 点を確実にとる』『TOEIC テストリスニング徹底攻略』『TOEIC テストリーディング徹底攻略』（以上、ジャパンタイムズ、共著）、『初挑戦の TOEIC TEST 650 点突破トレーニング』（かんき出版）、『イラストで学ぶ初級英文法』『はじめからやり直す TOEIC TEST やさしい文法レッスン』（以上、アスク出版）などがある。

製作協力　有限会社 エムズサポート

語学研修とマネジメント研修を手がけるユニークな研修機関。英語学習法セミナー、ビジネス英語、TOEIC 対策研修、中国語等の第二外国語研修を手がけている。TOEIC 対策では、入門・初級者の研修で強みを発揮。マネジメント研修機関でもあるため、ビジネスに直結した専門性の高い領域を中心に、工場現場・オフィスでの指示英語やフィードバックを英語で行う研修を得意としている。また、海外業務適性を判断する心理テストも展開し、各企業から高い評価を得ている。

　　　　　　　　　　カバーデザイン　　　滝デザイン事務所
　　　　　　　　　　本文デザイン／DTP　朝日メディアインターナショナル株式会社
　　　　　　　　　　本文イラスト　　　　岸　潤一

TOEIC®TEST 英単語　超入門編

平成 23 年（2011 年）6 月 10 日　第 1 刷発行
平成 23 年（2011 年）8 月 10 日　第 2 刷発行

著　者　霜村和久
発行人　福田富与
発行所　有限会社　Jリサーチ出版
　　　　〒 166-0002　東京都杉並区高円寺北 2-29-14-705
　　　　電話 03(6808)8801(代)　FAX 03(5364)5310
　　　　編集部 03(6808)8806
　　　　http://www.jresearch.co.jp
印刷所　(株)シナノ パブリッシング プレス

ISBN978-4-86392-063-7　禁無断転載。なお、乱丁・落丁はお取り替えいたします。
© Kazuhisa Shimomura 2011 All rights reserved.

Jリサーチ出版のTOEIC®TEST関連書

1日5分集中レッスン！
苦手パート完全克服シリーズ

<全5点>

TOEICは漠然と勉強しても点数は伸びません。
TOEICテスト7つのパートごとの特徴と効果的な学習がとても大切です。

シリーズの特長
◎1日たった5分！すきま時間に学習できる。
◎パート別にしっかり苦手を克服できる！

高得点勉強法＆PART1 <写真描写問題>　勉強法・リスニング

究極学習法と受験のコツ＋Part1頻出11シーン
TOEIC® TEST 高得点勉強法＆PART1 1日5分集中レッスン CD付

TOEICテスト990点満点取得者・安河内哲也氏による
各パートごとの効果的な学習法を紹介。
試験最初のリスニングPART1対策を収録。
安河内　哲也　著　定価　1050円(税込)

PART2 <会話問題>　リスニング

苦手パート完全克服 頻出190問＋20の解法テクニック
TOEIC® TEST PART2 1日5分集中レッスン CD付

PART2は会話問題。
頻出の会話パターンを集中特訓。20の解法で
正解を選ぶコツがわかる。
成重　寿・妻鳥　千鶴子 共著　定価　1260円(税込)

PART3・4 <会話問題><説明文問題>　リスニング

苦手パート完全克服 頻出126問＋6つの基本戦略
TOEIC® TEST PART3・4 1日5分集中レッスン CD付

TOEICリスニングセクションのPart3、Part4に焦点を絞
り、頻出の設問テーマに慣れることと、解法テクニック
を身につけ、正解を選ぶコツがつかめる。
妻鳥千鶴子・松井こずえ・田平真澄 共著　定価　1260円(税込)

PART5・6 <短文・長文穴埋め問題>　英文法・語彙

苦手パート完全克服 頻出217問＋14の攻略法
TOEIC® TEST PART5・6 1日5分集中レッスン

TOEICで最重要の文法ポイントを厳選して解説。
"出る順"に収録し、高頻出の問題パターンを
より多く練習できる構成。模擬テストつき。
宮野　智靖 監修／仲川　浩世 著　定価　1260円(税込)

PART7 <読解問題>　リーディング

苦手パート完全克服 頻出104問＋5つの基本戦略
TOEIC® TEST PART7 1日5分集中レッスン

PART7の読解問題を「戦略」と「練習」の両面から
攻略する速習テキスト。だれでも実行できる5つの戦略を
紹介。模擬テストつき。
成重　寿／ビッキー・グラス 共著　定価　1260円(税込)

TOEIC is a registered trademark of Educational Testing Service (ETS). This publication is not endorsed or approved by ETS

Jリサーチ出版　〒166-0002 東京都杉並区高円寺北2-29-14-705　TEL. 03-6808-8801　FAX. 03-5364-5310　**全国書店にて好評発売中！**

Jリサーチ出版の TOEIC® TEST 関連書

はじめて受ける人 基礎を固める人 のために

TOEIC is a registered trademark of Educational Testing Service (ETS). This publication is not endorsed or approved by ETS.

スピードマスターシリーズ

TOEIC® TEST 英単語スピードマスター 〈CD2枚付〉
7つの戦略で効率的に完全攻略 頻出3000語
TOEICテスト全分野の頻出語彙3000語をTOEICスタイルの例文でマスターできる。
CD2枚でリスニングにも対応。
成重 寿著 定価 1470円（税込）

TOEIC® TEST 英熟語スピードマスター 〈CD2枚付〉
5つの戦略で効率的に完全攻略頻出1400熟語
TOEICに特徴的な英熟語を1000語に絞り込み、それを4つのレベル別に収録。
頻出会話表現100もあわせてCD2枚に例文を収録。
成重 寿／ビッキー・グラス 共著 定価 1470円（税込）

新TOEIC® TEST 総合スピードマスター入門編 〈CD付〉
はじめて受ける人のための全パート・ストラテジー
新テスト7つのパートの全貌をピンポイント解法でわかりやすく伝授。模擬試験1回分つき。正解・解説は別冊。
成重 寿／ビッキー・グラス／柴山かつの 共著
定価 1470円（税込）

ベーシックマスターシリーズ

TOEIC® TEST 英文法・語彙ベーシックマスター
はじめての受験から730点をめざせ！
11の基本戦略でPart5&6の攻略のコツがしっかりわかる。出題傾向を徹底的に分析し、頻出語彙と問題パターンを厳選収録。
宮野 智靖著 定価 1470円（税込）

TOEIC® TEST リスニングベーシックマスター 〈CD付〉
はじめての受験から730点をめざせ！
Part1～4で確実に得点できる8つの基本戦略をポイント解説。重要ボキャブラリーと模試（ハーフ750問）を収録。
妻鳥千鶴子・松井こずえ・Philip Griffin 共著
定価 1575円（税込）

TOEIC® TEST リーディングベーシックマスター
はじめての受験から730点をめざせ！
7つの基本戦略でPart7(読解問題)攻略のコツがしっかりわかる。時間戦略、問題の取捨、速読法など、実践的なノウハウも伝授。
成重 寿・Vicki Glass 共著
定価 1470円（税込）

JMOOKシリーズ

新TOEIC® TEST ゼッタイ 学習スタートブック 基礎攻略編 〈CD付〉
はじめて受ける人のためのとっておき学習ガイド
TOEICテスト対策の「3ヶ月学習プラン」と「スコアアップできるゼッタイ攻略公式」がひと目でわかる。
模擬試験1回分付。
柴山かつの 著 定価 840円（税込）

TOEIC® TEST 頻出単語チェックブック 〈CD2枚付〉
これだけマスター 試験に出る英単語750
TOEIC受験者が"最低限知っておきたい"単語 270 語を厳選。同義語を網羅した「頻出言い換え」480 語を収録。模擬試験 1 回分付。
Philip Griffin／柴山かつの／森山美香子／田平真澄 共著 定価 1000円（税込）

英単語

TOEIC® TEST 英単語・イディオム直前350
頻出語だけをピンポイントチェック！
試験前に絶対覚えておきたい頻出重要単語・イディオム 350 を7日間の学習プログラムでマスターできる。
安河内 哲也著 定価 1050円（税込）

TOEIC® TEST ビジネス英単語 Lite 〈CD付〉
確実にステップアップができる超頻出700語
TOEIC頻出のビジネス英単語攻略がスコアアップの鍵。項目ごとに関連づけて覚えることができるように工夫されている。CDには見出し語と意味・例文を収録。
成重 寿著 定価 1050円（税込）

基本単語カードシリーズ

TOEIC® TEST 英単語スピードマスター BASIC500 〈CD付〉
基本単語カード
「TOEIC®TEST 英単語スピードマスター」の基本動詞200語、基本形容詞・副詞150語、基本名詞150語を500枚の英単語カードにパッケージ。CDには英単語・意味・例文を収録。
成重 寿著 定価 1575円（税込）

TOEIC® TEST 英単語スピードマスター BUSINESS500 〈CD付〉
基本単語カード
「TOEIC®TEST 英単語スピードマスター」に収録された頻出ビジネス語彙500をカードにパッケージ。CDには英単語・意味、例文を収録。カードリング3本付。
成重 寿／ビッキー・グラス 共著 定価 1575円（税込）

Jリサーチ出版 〒166-0002 東京都杉並区高円寺北2-29-14-705 TEL. 03-6808-8801 FAX. 03-5364-5310　**全国書店にて好評発売中**

出る順ゼッタイ基礎の512語

TOEIC® TEST 英単語 超入門編
練習問題集

霜村 和久
Shimomura Kazuhisa

この別冊は、本体から取り外すことができます。

Jリサーチ出版

TOEIC is a registered trademark of Educational Testing Service (ETS).
This publication is not endorsed or approved by ETS.

名詞
Nouns

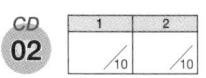

1. He works in the [ ] section.
   彼は輸入部で働いています。

2. We make profit from [ ].
   うちの会社は輸出で利益を出している。

3. [ ] is important for the functioning of society.
   輸送は社会が機能するために重要です。

4. What's the [ ] of this plan?
   この計画のメリットは何ですか。

5. What is the [ ] of the plan?
   この計画のデメリットは何ですか。

6. That's another [ ] of the problem.
   それはその問題の別の側面です。

7. This [ ] is popular among students.
   この業種は学生に人気がある。

8. This [ ] is growing.
   この市場は成長している。

9. Many [ ] came to the party.
   そのパーティには多くの顧客が来た。

10. You should be a wise [ ].
    賢い消費者にならなくてはいけません。

選択肢
(a) import   (b) market   (c) customers
(d) disadvantage   (e) transportation   (f) industry
(g) consumer   (h) export   (i) advantage
(j) aspect

名詞
Nouns
Check! pp. 18~19

02

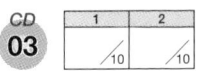

日本語訳を参考にして、英文の空欄に入る単語を下の選択肢から選んで記号を書いてください。

1. What is the [　　　] price?
   小売価格はいくらですか。

2. This is our [　　　].
   これは我が社の製品です。

3. Our [　　　] sale is from tomorrow.
   当店のバーゲンセールは明日からです。

4. I'll check the [　　　].
   在庫を調べます。

5. You should learn more about [　　　].
   あなたはもっと財務のことを勉強すべきだ。

6. My [　　　] is growing.
   私の借金は膨らんでいる。

7. We were in [　　　] last year.
   うちの会社は去年赤字だった。

8. I sold all my [　　　].
   私は持っている株を全部売りました。

9. She doesn't have enough [　　　].
   彼女には十分な収入がない。

10. My wife's [　　　] is larger than mine.
    妻の収入のほうが私の収入より多い。

選択肢
(a) product (b) earnings (c) stocks
(d) finance (e) income   (f) retail
(g) debt   (h) bargain   (i) inventory
(j) deficit

名詞 Nouns

03

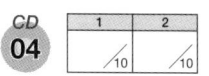

日本語訳を参考にして、英文の空欄に入る単語を下の選択肢から選んで記号を書いてください。

1. The [ ] will be made on the 15th.
   支払は15日になります。

2. I was working for an [ ] company.
   私は保険会社に勤めていました。

3. We'll hire a new [ ].
   私たちは新しい会計士を雇います。

4. I studied [ ] at college.
   私は大学で会計学を学びました。

5. We make a lot of [ ] from the new model.
   当社ではその新型モデルで多くの利益を出しています。

6. We are making a lot of [ ].
   当社は大きな利益を出しています。

7. Our [ ] is very small.
   われわれの予算は非常に少ない。

8. You're using too much [ ].
   きみは経費を使いすぎだ。

9. Send me a [ ] today.
   請求書を今日送ってください。

10. Here's our [ ].
    こちらが当社の見積です。

選択肢

(a) insurance (b) bill (c) profit
(d) accounting (e) payment (f) budget
(g) estimate (h) accountant (i) benefits
(j) expense

名詞 Nouns

04

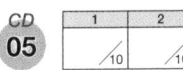

日本語訳を参考にして、英文の空欄に入る単語を下の選択肢から選んで記号を書いてください。

1. What's the [　　　]?
   料金はいくらですか。

2. We should be successful in the [　　　].
   私たちはその交渉を成功させなくてはなりません。

3. What are the [　　　] of the contract?
   その契約の条件は何ですか。

4. Read the [　　　].
   その契約書を読みなさい。

5. What's your [　　　]?
   あなたの目的は何ですか。

6. What is the [　　　] of this meeting?
   このミーティングの目的は何ですか。

7. We have a [　　　] every week.
   私たちは毎週会議をします。

8. What's on today's [　　　]?
   今日の議題には何が入っていますか（＝今日の議題は何ですか）。

9. I'll give you an [　　　].
   あなたに課題を出します。

10. That's a good [　　　].
    それはいい意見ですね。

選択肢

(a) rate　　　(b) terms　　　(c) agenda
(d) objective　(e) opinion　　(f) conference
(g) negotiations (h) assignment (i) contract
(j) purpose

05 名詞 / Nouns

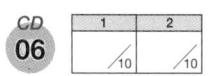

日本語訳を参考にして、英文の空欄に入る単語を下の選択肢から選んで記号を書いてください。

1. Show me your [　　　　].
   あなたの提案書を見せてください。

2. Your [　　　　] was great.
   あなたのプレゼンテーションはすばらしかったですよ。

3. I need your [　　　　].
   私にはあなたの提案が必要です。

4. Could you copy the [　　　　]?
   この書類をコピーしていただけますか。

5. Why don't you join our [　　　　]?
   私たちの組織に加わったらどうですか。

6. Our [　　　　] will go to the U.S. next week.
   当社の最高経営責任者は来週渡米します。

7. Who is going to be the next [　　　　]?
   だれが次期社長になるのですか。

8. The [　　　　] is leaving the company.
   副社長は会社を辞めます。

9. This is the final decision by [　　　　].
   これが経営陣の出した最終結論です。

10. Did you see the memo from [　　　　]?
    人事部からの社内通達文書を見ましたか。

選択肢

(a) suggestions　(b) vice president　(c) personnel
(d) management　(e) CEO　(f) president
(g) document　(h) organization　(i) proposal
(j) presentation

名詞 Nouns

06

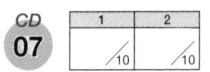

日本語訳を参考にして、英文の空欄に入る単語を下の選択肢から選んで記号を書いてください。

1. I'd like to work in [   ].
   私は営業部で働きたいと思っています。

2. The [   ] was kind to me.
   監督は私に親切でした。

3. Our [   ] will have a party tonight.
   うちの部署では今夜パーティをします。

4. Our company has five [   ].
   当社には5つの部門があります。

5. Our [   ] are in New York.
   当社の本社はニューヨークにあります。

6. Do you have a [   ] in Paris?
   あなたの会社はパリに支店を持っていますか。

7. All the [   ] have colds now.
   いま従業員全員が風邪を引いている。

8. What's your [   ]?
   あなたの仕事は何ですか。

9. Are there any [   ]?
   就職口の空きはありますか（＝いま社員の募集をしていますか）。

10. Send your [   ].
    履歴書を送ってください。

選択肢

(a) employees   (b) openings   (c) supervisor
(d) sales   (e) résumé   (f) headquarters
(g) department   (h) branch   (i) occupation
(j) divisions

名詞 Nouns ★★★

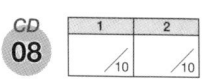

07

日本語訳を参考にして、英文の空欄に入る単語を下の選択肢から選んで記号を書いてください。

1. You don't have enough [　　　] to take the examination.
   あなたにはその試験を受けるための十分な資格がありません。

2. How many [　　　] do you have?
   候補者は何人いますか。

3. You'll get a [　　　].
   あなたは昇進しますよ。

4. I can't say so in my [　　　].
   私の立場ではそうは言えません。

5. What's your [　　　] number?
   あなたの内線番号は何番ですか。

6. There is too much [　　　].
   供給量が多すぎます。

7. I'm working for a [　　　] company.
   私は建設会社で働いています。

8. The [　　　] in this factory is too old.
   この工場の設備は古すぎます。

9. We should order more [　　　].
   私たちはもっと材料を注文すべきです。

10. Don't invest in [　　　].
    不動産に投資してはいけません。

選択肢

(a) supply (b) candidates (c) qualifications
(d) real estate (e) position (f) materials
(g) extension (h) promotion (i) equipment
(j) construction

名詞 Nouns

08

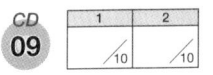

日本語訳を参考にして、英文の空欄に入る単語を下の選択肢から選んで記号を書いてください。文頭に来る単語も選択肢の中ではすべて小文字で始まっています。

1. This is an important [   ].
   これは大切な作業です。

2. What is the [   ] of the new service?
   その新しいサービスの価値は何ですか。

3. This isn't a good [   ].
   これはいい政策ではありません。

4. Thank you for your [   ].
   ご協力ありがとうございます。

5. Our school [   ] are very strict.
   私たちの学校の規則は非常に厳しいです。

6. [   ] with that country are getting worse.
   その国との関係は次第に悪くなってきている。

7. I had a different [   ].
   私は違う結果を得ました。

8. We found a [   ].
   私たちは解決策を見つけました。

9. We began a [   ] of customer satisfaction.
   私たちは顧客満足度の調査を始めました。

10. What's your [   ] like next week?
    あなたの来週の予定はどうなっていますか。

選択肢
(a) value   (b) study   (c) relations
(d) cooperation   (e) schedule   (f) solution
(g) task   (h) regulations   (i) policy
(j) result

名詞
Nouns
Check! pp. 32~33

09

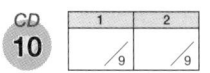

日本語訳を参考にして、英文の空欄に入る単語を下の選択肢から選んで記号を書いてください。

1. I joined the company a [　　　] ago.
   私は10年前に入社しました。

2. We should take care of our [　　　].
   私たちは自分たちの環境を大切にしなくてはなりません。

3. What did the weather [　　　] say?
   天気予報では何と言っていましたか。

4. Today's [　　　] is 25 degrees.
   今日の最低気温は25度です。

5. I'd like to open an [　　　].
   口座を開きたいのですが。

6. Where can I get an [　　　]?
   申込書はどこでもらえますか。

7. I sent [　　　] to all the staff.
   私はスタッフ全員に招待状を送りました。

8. How much is the [　　　]?
   宿泊代はいくらですか。

9. We should make a [　　　].
   私たちは予約をとるべきです。

選択肢
(a) low　　(b) application form　(c) invitations
(d) account　(e) decade　　　　　(f) reservation
(g) forecast　(h) environment　　(i) accommodation

名詞 Nouns

10

日本語訳を参考にして、英文の空欄に入る単語を下の選択肢から選んで記号を書いてください。

1. The museum is not open to the [   ].
   その博物館は一般公開されていません。

2. My son is working for the [   ].
   私の息子は政府で働いています。

3. Do you know any [   ]?
   だれか政治家に知り合いはいますか。

4. I was studying [   ] in college.
   私は大学で政治学を勉強していました。

5. Tomorrow is the [   ].
   明日は選挙だ。

6. The [   ] came to our wedding.
   その大臣が私たちの結婚式に来ました。

7. How many in your [   ], sir?
   御一行様は何名様でいらっしゃいますか。

8. It's against the [   ].
   それは法律違反です。

9. There are many new [   ] in this building.
   このビルには新しい会社が数多く入居している。

10. I'm looking for a good travel [   ].
    私はいい旅行代理店を探しています。

選択肢

(a) public   (b) agency   (c) party
(d) government   (e) businesses   (f) minister
(g) politicians   (h) law   (i) election
(i) politics

名詞 Nouns

11

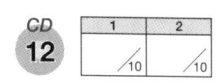

日本語訳を参考にして、英文の空欄に入る単語を下の選択肢から選んで記号を書いてください。

1. He is my important [　　　].
   彼は私の大事なお客様です。

2. Jack was my [　　　] in Germany.
   ジャックはドイツでの私の同僚でした。

3. The [　　　] got angry at the meeting.
   部長が会議で怒った。

4. The [　　　] came late.
   その営業担当者は遅刻してきました。

5. You shouldn't do that in the [　　　].
   職場でそういうことをしてはいけません。

6. Our [　　　] will have a meeting tomorrow.
   私たちの委員会は明日会合を持ちます。

7. Tomorrow is an [　　　] day.
   明日は監査日です。

8. Can I have a [　　　]?
   領収書をもらえますか。

9. The [　　　] was so hard.
   競争はとても激しかった。

10. The accident caused a lot of [　　　].
    その事故は多くの被害をもたらした。

選択肢

(a) colleague   (b) director   (c) competition
(d) committee   (e) sales representative   (f) damage
(g) receipt   (h) client   (i) audit
(j) workplace

名詞 Nouns ★★

Check! pp. 38–39

12

日本語訳を参考にして、英文の空欄に入る単語を下の選択肢から選んで記号を書いてください。文頭に来る単語も選択肢の中ではすべて小文字で始まっています。

1. It's my [   ].
   それは私のミスです。

2. He made a lot of [   ].
   彼は多くの問題を起こしました。

3. Sorry for the [   ].
   ご不便をおかけして申し訳ございません。

4. [   ] is the main industry in this country.
   農業はこの国の主要産業です。

5. The [   ] hires a lot of people.
   自動車産業では多くの人を雇っています。

6. This [   ] looks great.
   この自動車は見た目がとてもいい。

7. My favorite [   ] is a bicycle.
   私の好きな乗り物は自転車です。

8. Japanese [   ] are always strong.
   日本の製造業は常に強い。

9. There is much [   ] for tourism.
   旅行業には多くの需要がある。

10. Do you know its [   ]?
    その値段を知っていますか。

選択肢
(a) fault　　(b) manufacturers　　(c) auto industry
(d) inconvenience　　(e) demand　　(f) trouble
(g) vehicle　　(h) agriculture　　(i) price
(j) automobile

名詞
Nouns
Check! pp. 40~41

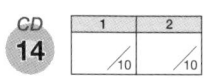

13

日本語訳を参考にして、英文の空欄に入る単語を下の選択肢から選んで記号を書いてください。

1. They stopped [　　　] of that model.
   彼らはそのモデルの生産を中止した。

2. We should find a new [　　　].
   私たちは新しい業者を探すべきです。

3. The [　　　] of the product changed.
   その製品の品質が変わりました。

4. The [　　　] is not important.
   量が大切なのではありません。

5. There is a [　　　] of dentists.
   歯科医師数が過剰な状態です。

6. We have three [　　　] in the U.S.
   当社はアメリカに3つの工場を持っています。

7. Our [　　　] is empty.
   当社の倉庫は空です。

8. They gave me five [　　　].
   彼らは私にクーポンを5枚くれました。

9. Prices are cheap in this [　　　].
   この地域は物価が安い。

10. Here's the business [　　　] of the town.
    ここが街の商業地区です。

選択肢

(a) plants　　(b) quality　　(c) production
(d) district　(e) coupons　　(f) warehouse
(g) quantity　(h) supplier　 (i) area
(j) surplus

名詞 Nouns

14

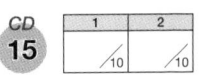

日本語訳を参考にして、英文の空欄に入る単語を下の選択肢から選んで記号を書いてください。

1. I live in the [　　　] of Tokyo.
   私は東京の郊外に住んでいます。

2. This is my [　　　].
   これが私の住所です。

3. Let's meet at the [　　　] lobby.
   到着ロビーで会いましょう。

4. Where is your [　　　]?
   あなたの目的地はどこですか。

5. There were only six [　　　] on the plane.
   その飛行機には乗客が6人しかいなかった。

6. I don't like the [　　　] here.
   私はここの気候が好きではありません。

7. The [　　　] was not so high.
   気温はそんなに高くはありませんでした。

8. We can't control natural [　　　].
   われわれに自然災害をコントロールすることはできない。

9. A [　　　] is coming soon.
   もうすぐ嵐が来ます。

10. The [　　　] was a movie star.
    犠牲者は映画俳優でした。

選択肢
(a) storm　　(b) destination　　(c) climate
(d) address　(e) suburbs　　　 (f) victim
(g) temperature　(h) arrival　　(i) disasters
(j) passengers

名詞 Nouns

15

日本語訳を参考にして、英文の空欄に入る単語を下の選択肢から選んで記号を書いてください。

1. The [　　　] goes in this direction.
   その力はこの方向へ向かいます。

2. We are short of [　　　].
   電力が不足しています。

3. Smoking can cause a lot of [　　　].
   喫煙は多くの病気を引き起こします。

4. She quit the job because of the [　　　].
   彼女はその病気のために仕事を辞めました。

5. The [　　　] was good but very expensive.
   その治療は効果がありましたが、とても高価でした。

6. I need some [　　　].
   薬がほしい。

7. This [　　　] is very dangerous.
   この薬品は非常に危険だ。

8. I am a member of this [　　　].
   私はこの協会の会員です。

9. I should do some [　　　].
   私は少し運動しないといけない。

10. You need more [　　　].
    あなたにはもっと練習が必要です。

選択肢

(a) institute　　(b) force　　(c) practice
(d) power　　(e) medicine　　(f) treatment
(g) chemical　　(h) diseases　　(i) illness
(j) exercise

名詞 Nouns

16

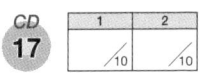

日本語訳を参考にして、英文の空欄に入る単語を下の選択肢から選んで記号を書いてください。

1. She doesn't have enough [　　　].
   彼女には十分な能力がない。

2. He is always making an [　　　].
   彼は常に努力している。

3. He will break the [　　　].
   彼はその記録を破るだろう。

4. I sleep six hours on [　　　].
   私は平均6時間睡眠をとります。

5. Tell me your [　　　] success.
   あなたの成功への鍵を教えてください。

6. His [　　　] was interesting.
   彼の講義はおもしろかった。

7. I have a [　　　] in medicine.
   私は医学の学位を持っている。

8. I enjoyed his [　　　].
   私は彼の講習会を楽しみました。

9. The [　　　] needs an assistant.
   その研究者は助手を必要としている。

10. This [　　　] is very clear.
    この図表はとてもわかりやすい。

選択肢
(a) record　　(b) chart　　(c) workshop
(d) average　(e) ability　(f) degree
(g) effort　　(h) key to　 (i) lecture
(j) researcher

名詞 Nouns

17

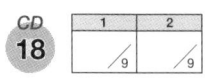

日本語訳を参考にして、英文の空欄に入る単語を下の選択肢から選んで記号を書いてください。

1. Look at this [　　　].
   このグラフを見てください。

2. Look at this [　　　].
   この記事を見てください。

3. Our movie got an [　　　].
   私たちの映画が賞をとった。

4. Give me the [　　　] for that.
   その理由を教えてください。

5. There are no [　　　] to our company rules.
   我が社の社則に例外はない。

6. The [　　　] is too high.
   家賃が高すぎる。

7. He earns a [　　　] yen each year.
   彼は毎年10億円稼ぐ。

8. She makes one [　　　] dollars a year.
   彼女の年収は100万ドルです。

9. Where is the [　　　] basket?
   ゴミ箱はどこですか。

選択肢

(a) billion　　(b) waste　　(c) article
(d) graph　　(e) exceptions　　(f) award
(g) million　　(h) rent　　(i) reason

名詞
Nouns
Check! pp. 50~51

18

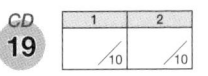

日本語訳を参考にして、英文の空欄に入る単語を下の選択肢から選んで記号を書いてください。

☐☐ 1. He has a good [　　　].
　　　彼は記憶力がよい。

☐☐ 2. The [　　　] of the book is excellent.
　　　この本の内容はすばらしい。

☐☐ 3. Can I leave a [　　　]?
　　　伝言をお願いしてもいいですか。

☐☐ 4. Where did the [　　　] happen?
　　　その事故はどこで起きたのですか。

☐☐ 5. This car doesn't use gasoline for [　　　].
　　　この車は燃料にガソリンを使いません。

☐☐ 6. An [　　　] hit the area last night.
　　　昨夜、その地域で地震がありました。

☐☐ 7. What is the [　　　] of the package?
　　　その小包の重さはどのくらいですか。

☐☐ 8. My brother is a [　　　].
　　　私の兄は弁護士です。

☐☐ 9. The [　　　] is single.
　　　首相は独身です。

☐☐ 10. Who is the [　　　] of New York now?
　　　いまのニューヨーク市長はだれですか。

選択肢
(a) prime minister　(b) weight　(c) earthquake
(d) content　(e) fuel　(f) mayor
(g) lawyer　(h) accident　(i) memory
(j) message

名詞
Nouns
Check! pp. 52~53

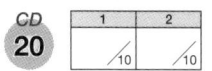

19

日本語訳を参考にして、英文の空欄に入る単語を下の選択肢から選んで記号を書いてください。

1. The [ ] stopped me at the intersection.
   その警官が交差点で私を呼び止めました。

2. A [ ] suddenly talked to me.
   警官が突然話しかけてきました。

3. My [ ] is very kind.
   私のかかっている歯医者はとても親切です。

4. The [ ] left his wallet.
   その患者は財布を忘れていった。

5. Do you feel [ ]?
   痛みを感じますか。

6. My [ ] has gone.
   胃痛がなくなりました。

7. I have a [ ].
   頭痛がします。

8. Put a towel on your [ ].
   ひざの上にタオルを1枚置いてください。

9. I bought stocks of the [ ] company.
   私はその鉄道会社の株を買いました。

10. This [ ] is good for children.
    この博物館は子どもたちのためになる。

選択肢
(a) dentist (b) stomachache (c) police officer
(d) officer (e) museum (f) headache
(g) patient (h) lap (i) railroad
(j) pain

名詞
Nouns
Check! pp. 54-55

20

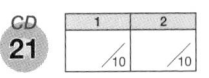

日本語訳を参考にして、英文の空欄に入る単語を下の選択肢から選んで記号を書いてください。

1. My father is a [　　　　] in Brazil.
   私の父はブラジルで農夫をやっています。

2. Here is my [　　　　].
   ここが私のアパートです。

3. My office is in the [　　　　].
   私の事務所は地下にあります。

4. Where is the [　　　　]?
   トイレはどこですか。

5. Your bag is on the [　　　　].
   あなたの鞄は棚の上にありますよ。

6. Go up the [　　　　] and wait.
   階段を上がって待っててください。

7. Where is the [　　　　]?
   はしごはどこにありますか。

8. Our [　　　　] broke down.
   うちの電子レンジがこわれました。

9. Give me the number of your [　　　　].
   きみの携帯の電話番号教えて。

10. This building has only one [　　　　].
    このビルには入り口が1つしかない。

選択肢

(a) ladder   (b) mobile phone   (c) apartment
(d) farmer   (e) bathroom   (f) basement
(g) entrance   (h) microwave   (i) shelf
(j) stairs

名詞
Nouns

21

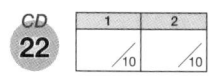

日本語訳を参考にして、英文の空欄に入る単語を下の選択肢から選んで記号を書いてください。

1. The [ ] is on the second floor.
   出口は2階にあります。

2. A new [ ] store opened last week.
   先週新しい家具店が開店しました。

3. Today is not a [ ] day.
   今日はゴミの日ではありません。

4. Let's get our [ ].
   荷物を取りにいきましょう。

5. I'm living in a [ ].
   私は寮に住んでいます。

6. I'm looking for my [ ].
   メガネを探しているんです。

7. Can I use your [ ]?
   あなたのホチキスを借りてもいいですか。

8. I bought a pair of [ ].
   はさみを1本買いました。

9. Where are the [ ]?
   封筒はどこにあるのですか。

10. There is a [ ] on the table.
    テーブルの上に花瓶があります。

選択肢

(a) dormitory   (b) envelopes   (c) stapler
(d) furniture   (e) baggage   (f) vase
(g) garbage   (h) exit   (i) scissors
(j) glasses

名詞 Nouns

22

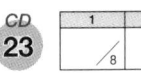

日本語訳を参考にして、英文の空欄に入る単語を下の選択肢から選んで記号を書いてください。

1. There are two flower [   ] in the garden.
   庭に植木鉢が2つあります。

2. You should eat a lot of [   ].
   野菜をたくさんとるべきですよ。

3. There was no [   ] on the ground.
   地面には草がまったく生えていなかった。

4. The factory was in the [   ].
   その工場は森の中にありました。

5. I'll go to the [   ].
   クリーニング店に行ってきます。

6. We bought some [   ] in the supermarket.
   私たちはスーパーマーケットで衣類を買いました。

7. I have three [   ].
   私には3人のいとこがいます。

8. What kind of [   ] do you like?
   どんな料理が好きですか。

選択肢

(a) vegetables (b) clothes (c) dish
(d) grass   (e) pots   (f) cousins
(g) woods   (h) cleaner's

動詞 Verbs

23

日本語訳を参考にして、英文の空欄に入る単語を下の選択肢から選んで記号を書いてください。文頭に来る単語も選択肢の中ではすべて小文字で始まっています。

1. Can you [   ] the new model?
   その新型モデルについて説明してくれますか。

2. The President [   ] concern.
   大統領は懸念を表明した。

3. The manager didn't [   ] the new plan.
   課長はその新計画についての話はしませんでした。

4. [   ] some more salt.
   もう少し塩を加えてください。

5. I'll [   ] you later.
   あとでみなさんに合流します。

6. The new system doesn't [   ] well.
   新しいシステムがうまく作動しません。

7. I can't [   ] a car now.
   いまは車を買うお金がない。

8. [   ] the report by Friday.
   その報告書は金曜日までに提出しなさい。

9. The president [   ] a new plan.
   社長が新しい計画を発表した。

10. We [   ] for the delay.
    遅れが発生したことをお詫び申し上げます。

選択肢

(a) describe (b) announced (c) submit
(d) join (e) mention (f) expressed
(g) apologize (h) work (i) add
(j) afford

動詞
Verbs

Check! pp. 64~65

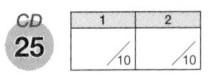

日本語訳を参考にして、英文の空欄に入る単語を下の選択肢から選んで記号を書いてください。

1. I can't [　　　　] your offer.
   あなたの申し入れを受け入れることはできません。

2. You should [　　　　] your mistake.
   自分の間違いを認めるべきですよ。

3. The government didn't [　　　　] the medicine.
   政府はその薬を認可しなかった。

4. Everybody [　　　　] on my ideas.
   全員が私の案に同意してくれた。

5. I'd like to [　　　　] my order.
   注文内容を確認したいのですが。

6. You should [　　　　] for the position.
   あなたはその職に応募するべきです。

7. Your name is not [　　　　].
   あなたの名前は登録されていません。

8. The workers [　　　　] a raise.
   社員らは昇給を要求した。

9. They [　　　　] me 10,000 yen for this.
   彼らはこれに1万円の請求をしてきた。

10. How much did it [　　　　]?
    それはいくらかかりましたか。

選択肢

(a) charged　　(b) registered　　(c) approve
(d) accept　　(e) apply　　(f) cost
(g) requested　　(h) agreed　　(i) admit
(j) confirm

動詞 Verbs

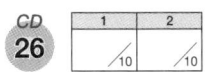

25

日本語訳を参考にして、英文の空欄に入る単語を下の選択肢から選んで記号を書いてください。

1. You [   ] too much money on food.
   あなたは食べ物にお金を使いすぎです。

2. The company [   ] our budget.
   会社が私たちの予算を減らした。

3. Our sales are [   ] these days.
   ここのところ我が社の売上が落ちている。

4. Sales are [   ].
   売上が減少している。

5. We need to [   ] our staff.
   私たちはスタッフを増員する必要がある。

6. Did you [   ] the contract?
   契約書には署名しましたか。

7. The flight will be [   ].
   その飛行機の便は遅れるでしょう。

8. The meeting was [   ].
   そのミーティングは延期されました。

9. Can you [   ] it to my house?
   それを私の自宅まで配達してもらえますか。

10. They [   ] this pamphlet.
    彼らはこのパンフレットを配布しました。

選択肢

(a) postponed   (b) sign   (c) decreasing
(d) spend   (e) reduced   (f) distributed
(g) delayed   (h) increase   (i) deliver
(j) declining

動詞
Verbs

26

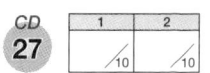

日本語訳を参考にして、英文の空欄に入る単語を下の選択肢から選んで記号を書いてください。

1. Our school was [　　　] in 1901.
   私たちの学校は1901年に設立されました。

2. Our company was [　　　] by a college student.
   当社はひとりの大学生によって創設されました。

3. We [　　　] new robots here.
   私たちはここで新しいロボットを開発しています。

4. Don't [　　　] too much.
   あまり期待しすぎないでください。

5. We should [　　　] the system.
   私たちはそのシステムを改善しなくてはなりません。

6. Our trip [　　　] lunch at the Hotel Okura.
   私たちの旅行にはホテルオークラでの昼食が含まれています。

7. Let me [　　　] you to our president.
   あなたをうちの社長に紹介しましょう。

8. What do you [　　　]?
   おすすめは何ですか。

9. I [　　　] one million yen into the new business.
   私はその新規事業に100万円を投資しました。

10. Our head office is [　　　] in Nagoya.
    当社の本社は名古屋にあります。

選択肢
(a) develop   (b) recommend   (c) invested
(d) improve   (e) founded   (f) introduce
(g) located   (h) includes   (i) expect
(j) established

動詞
Verbs

Check! pp. 70~71

27

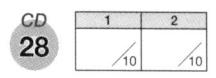

日本語訳を参考にして、英文の空欄に入る単語を下の選択肢から選んで記号を書いてください。

1. Can I [　　　　] my car here?
   車をここにとめてもいいですか。

2. I'll [　　　　] you a position in the new company.
   あなたに新会社での就職口を提供します。

3. He [　　　　] us with details.
   彼は私たちに詳細を提供してくれました。

4. I'll [　　　　] lunch for you.
   あなたにお昼ご飯を作ってあげます。

5. We will [　　　　] 500 people this year.
   当社では今年500人を採用します。

6. Mr. Watanabe [　　　　] from work last week.
   渡辺さんは先週定年退職しました。

7. Who decided to [　　　　] that old computer?
   その古いコンピュータの購入を決めたのはだれですか。

8. I [　　　　] a diamond ring.
   私はダイヤの指輪を注文しました。

9. Books are [　　　　] on the table.
   テーブルの上に本が積まれている。

10. I'm [　　　　] for the Republican Party.
    私は共和党に投票します。

選択肢

(a) stacked　　(b) retired　　(c) ordered
(d) voting　　(e) provided　　(f) hire
(g) purchase　(h) prepare　　(i) park
(j) offer

動詞
Verbs
28

Check! pp. 72~73

日本語訳を参考にして、英文の空欄に入る単語を下の選択肢から選んで記号を書いてください。

1. He [　　　　] his skills.
   彼は自分の実力を証明した。

2. I couldn't [　　　　] his voice.
   彼の声だとはわかりませんでした。

3. This article [　　　　] to our new product.
   この記事はうちの会社の新製品について触れている。

4. You should [　　　　] new skills.
   あなたは新しい技術を習得すべきです。

5. You can [　　　　] an ID card in a minute.
   IDカードはすぐに取得することができます。

6. Don't [　　　　] to call me.
   遠慮なくお電話ください。

7. She didn't [　　　　] the rumor.
   彼女はそのうわさを否定しなかった。

8. I was [　　　　] admission at the gate.
   私は門のところで入場を拒否されました。

9. They will never [　　　　] access.
   彼らは絶対にアクセスを許可しません。

10. This method [　　　　] you to read faster.
    この方法であなたはこれまでより速く読むことができます。

選択肢
(a) acquire　　(b) enables　　(c) permit
(d) deny　　(e) proved　　(f) refused
(g) hesitate　　(h) recognize　　(i) obtain
(j) refers

動詞
Verbs

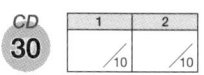

29

日本語訳を参考にして、英文の空欄に入る単語を下の選択肢から選んで記号を書いてください。

1. The work is [　　　] slowly.
   その作業はゆっくりと進んでいます。

2. The new manager was already [　　　].
   その新しい課長がもう解雇された。

3. Our company never [　　　] workers.
   うちの会社は決して社員をくびにはしない。

4. You are [　　　] in important business.
   あなたは重要な仕事に従事しているのです。

5. I'll [　　　] you tonight.
   今夜は私が給仕いたします。

6. The heat from the sun [　　　] the fire.
   太陽の熱がその火事の原因になった。

7. Let's [　　　] these two materials.
   この２つの材料を比べてみましょう。

8. You're [　　　] too much.
   あなたは文句を言いすぎです。

9. I was so [　　　].
   私はとてもがっかりしました。

10. I [　　　] the exam.
    私はその試験に落ちました。

選択肢
(a) disappointed　(b) caused　(c) engaged
(d) progressing　(e) failed　(f) compare
(g) complaining　(h) dismissed　(i) serve
(j) fires

動詞 Verbs

30

日本語訳を参考にして、英文の空欄に入る単語を下の選択肢から選んで記号を書いてください。

□□ 1. He always [   ] on his own way.
彼はいつでも自分のやり方を主張する。

□□ 2. I should [   ] this point.
私はこの点を強調しなくてはなりません。

□□ 3. The police are [   ] the case.
警察がその事件を捜査しています。

□□ 4. I'm [   ] a job.
私は仕事を探しています。

□□ 5. The meeting [   ] for 10 hours.
そのミーティングは10時間続いた。

□□ 6. This sign [   ] "Stop!"
この標識は「止まれ」を意味します。

□□ 7. An earthquake [   ] this morning.
今朝地震があった。

□□ 8. You can't [   ] stock prices.
株価を予測することはできません。

□□ 9. Why don't we [   ] an office?
事務所を共有しませんか(＝共同で事務所を持ちませんか)。

□□ 10. I [   ] beer to whisky.
私はウイスキーよりビールのほうが好きです。

選択肢

(a) share   (b) prefer   (c) occurred
(d) stress   (e) means   (f) insists
(g) seeking   (h) predict   (i) investigating
(j) lasted

動詞 Verbs

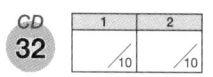

31

日本語訳を参考にして、英文の空欄に入る単語を下の選択肢から選んで記号を書いてください。文頭に来る単語も選択肢の中ではすべて小文字で始まっています。

1. We will [　　　] this product on TV.
   私たちはこの製品をテレビで宣伝します。

2. We [　　　] 10 monthly magazines.
   当社では10冊の月刊誌を発行しています。

3. They [　　　] silent.
   彼らは黙ったままでいた。

4. [　　　] me of the appointment next week.
   その約束のことを来週思い出させてください（＝教えてください）。

5. This cleaner [　　　] dust very quickly.
   この掃除機はほこりをとても速く取り除きます。

6. The construction will be [　　　] next week.
   その工事は来週完了します。

7. I can [　　　] the car myself.
   私はその車を自分で修理することができます。

8. The accountant will be [　　　].
   その会計士は担当をはずされるだろう。

9. You should [　　　] the plan.
   あなたはその計画を改訂しなくてはなりません。

10. The disease [　　　] quickly.
    その病気は急速に広がった。

選択肢
(a) replaced   (b) removes   (c) advertize
(d) spread   (e) repair   (f) remained
(g) issue   (h) revise   (i) completed
(j) remind

動詞 Verbs

32

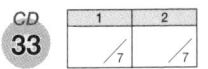

日本語訳を参考にして、英文の空欄に入る単語を下の選択肢から選んで記号を書いてください。

1. The store [　　　] the price.
   その店は代金を返金しました。

2. I'll [　　　] some money.
   お金をおろします。

3. He's [　　　] from a serious disease.
   彼は重病を患っている。

4. Don't [　　　] about me.
   私のことは心配しないでください。

5. We [　　　] a car three times.
   当社では車を3回塗装します。

6. He [　　　] an early plane.
   彼は早朝の飛行機に乗った。

7. Where will we [　　　]?
   どこに着陸するのですか。

選択肢
(a) withdraw　　(b) land　　(c) refunded
(d) worry　　(e) suffering　　(f) boarded
(g) paint

動詞
Verbs
Check! pp. 82~83

33

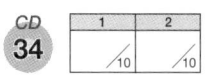

日本語訳を参考にして、英文の空欄に入る単語を下の選択肢から選んで記号を書いてください。文頭に来る単語も選択肢の中ではすべて小文字で始まっています。

☐☐ 1. The program will be [   ] tonight.
その番組は今夜放送されます。

☐☐ 2. [   ] the length first.
まず長さを測ってください。

☐☐ 3. No one was [   ] in the accident.
その事故ではだれもけがをしなかった。

☐☐ 4. Ten people were [   ] in the accident.
その事故で10人が負傷した。

☐☐ 5. I got [   ] last week.
私は先週けがをしました。

☐☐ 6. What are you [   ]?
何を燃やしているのですか。

☐☐ 7. Their company president was [   ].
あの会社の社長が逮捕された。

☐☐ 8. That [   ] interesting.
それはおもしろそうですね。

☐☐ 9. It [   ] great.
とてもおいしいです。

☐☐ 10. Everybody [   ] me.
みんなが私を無視するのです。

選択肢

(a) injured   (b) sounds   (c) arrested
(d) measure   (e) broadcast   (f) tastes
(g) burning   (h) ignores   (i) wounded
(j) hurt

動詞
Verbs
Check! pp. 84~85

34

日本語訳を参考にして、英文の空欄に入る単語を下の選択肢から選んで記号を書いてください。文頭に来る単語も選択肢の中ではすべて小文字で始まっています。

□□ 1. He [　　　　] honesty.
　　　彼は正直さに欠ける。

□□ 2. Our team always [　　　　].
　　　うちのチームは常に勝っている。

□□ 3. Don't [　　　　] against this wall.
　　　この壁には寄りかからないでください。

□□ 4. [　　　　] the trash can.
　　　ゴミ箱の中身を空にしなさい。

□□ 5. [　　　　] the paper three times.
　　　その紙を3回折りたたんでください。

□□ 6. This product will [　　　　] our sales.
　　　この製品が当社の売上を倍にするでしょう。

□□ 7. This model will [　　　　] our profit.
　　　このモデルが当社の利益を3倍にするでしょう。

選択肢
(a) fold	(b) lean	(c) double
(d) lacks	(e) wins	(f) triple
(g) empty		

形容詞・副詞
Adjectives/Adverbs

35

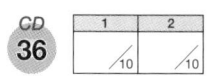

日本語訳を参考にして、英文の空欄に入る単語を下の選択肢から選んで記号を書いてください。文頭に来る単語も選択肢の中ではすべて小文字で始まっています。

1. The new clerk is so [   ].
   新しい事務員はとても能力がある。

2. You are always [   ].
   あなたはいつでも頼りになります。

3. Are you [   ] tomorrow morning?
   明日の午前中、時間ありますか。

4. Our boss is always [   ].
   私たちの上司はいつでも自信を持っている。

5. [   ], you'll get sick.
   そうしないと病気になりますよ。

6. [   ], he was telling the truth.
   実際のところ、彼は真実を語っていました。

7. [   ], he became President.
   ついに彼は大統領になった。

8. Which is the [   ] answer?
   どっちが正解ですか。

9. What is his [   ] job?
   彼の現在の職業は何ですか。

10. Here is our [   ] research.
    こちらがわれわれの最近の研究です。

選択肢

(a) otherwise (b) recent   (c) reliable
(d) confident (e) current   (f) actually
(g) capable   (h) correct   (i) available
(j) finally

形容詞・副詞
Adjectives/Adverbs
Check! pp. 90~91

36

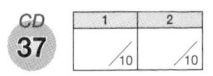

日本語訳を参考にして、英文の空欄に入る単語を下の選択肢から選んで記号を書いてください。

1. Here is our [   ] model.
   こちらが当社の最新モデルです。

2. I have been gaining weight [   ].
   最近体重が増えている。

3. I'll call you [   ].
   あとで電話します。

4. Our [   ] president will come to the party.
   当社の前社長がそのパーティに来ます。

5. That's my [   ] address.
   それは私のかつての住所です。

6. This bill was [   ] yesterday.
   この請求書の支払期限は昨日でした。

7. This is a check-in counter for [   ] flights.
   ここは国内線のチェックインカウンターです。

8. China will be a large [   ] nation.
   中国は主要工業国になるでしょう。

9. This model is a [   ] success.
   このモデルは商業的に成功を収めている（＝売れている）。

10. ABC Foods became a [   ] company.
    ABCフード社は業界最大手の企業になった。

選択肢
(a) commercial   (b) former   (c) lately
(d) leading   (e) due   (f) industrial
(g) latest   (h) domestic   (i) later
(j) previous

37 形容詞・副詞 / Adjectives/Adverbs

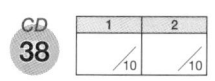

日本語訳を参考にして、英文の空欄に入る単語を下の選択肢から選んで記号を書いてください。文頭に来る単語も選択肢の中ではすべて小文字で始まっています。

1. This medicine was not [   ].
   この薬は効果的ではありませんでした（＝効きませんでした）。

2. We should be more [   ].
   私たちはもっと効率的にならなくてはいけない。

3. Bill is [   ] with computers.
   ビルはコンピュータのことをよく知っている。

4. My boss is a [   ] actor.
   私の上司は有名な俳優です。

5. That's a [   ] story.
   それはありうる話だ。

6. [   ], it will snow tonight.
   おそらく今夜は雪が降るでしょう。

7. He has a [   ] attitude to work.
   彼は仕事に対する姿勢が消極的だ。

8. This is not our [   ] site.
   これは当社の公式サイトではありません。

9. You should come back to the office [   ].
   すぐに事務所に戻ってきなさい。

10. My son has two [   ] teeth.
    私の息子には永久歯が2本ある。

選択肢
(a) official (b) efficient (c) permanent
(d) effective (e) well-known (f) immediately
(g) familiar (h) probably (i) likely
(j) negative

形容詞・副詞

Adjectives/Adverbs

Check! pp. 94~95

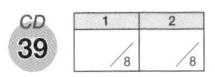

1. His training is very [　　　].
   彼のトレーニングは非常に実践的です。

2. Dinner is [　　　].
   夕飯ができましたよ。

3. The nation became [　　　] last year.
   その国は昨年独立しました。

4. These two parts look [　　　].
   この2つの部品は見た目が似ています。

5. Give me some [　　　] examples.
   具体例をいくつかあげてください。

6. I work [　　　] every day.
   私は毎日残業しています。

7. I like [　　　] life.
   私は都会の生活が好きです。

8. The [　　　] meeting is next Tuesday.
   年次会議は今度の火曜日です。

選択肢
(a) specific　　(b) ready　　(c) practical
(d) annual　　(e) overtime　　(f) independent
(g) urban　　(h) similar

形容詞・副詞
Adjectives/Adverbs
Check! pp. 96~97

★★

39

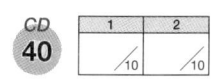

日本語訳を参考にして、英文の空欄に入る単語を下の選択肢から選んで記号を書いてください。

1. My wife is very [　　　　].
   私の妻は非常に活動的です。

2. Our president is an [　　　　] leader.
   当社の社長は経済界のリーダーです。

3. I bought it at the new shop [　　　　].
   私はそれを繁華街にある新しい店で買いました。

4. I'm looking for a [　　　　] job.
   私は常勤の仕事を探しています。

5. She [　　　　] forgot about the date.
   彼女はデートのことをすっかり忘れていた。

6. The boss was talking [　　　　] about himself.
   上司は主に自分のことを話していました。

7. His speech was [　　　　].
   彼のスピーチは短かった。

8. This street is too [　　　　].
   この道は狭すぎる。

9. He has [　　　　] shoulders.
   彼は肩幅が広い。

10. Their new factory is [　　　　].
    あの会社の新工場は巨大だ。

選択肢

(a) narrow (b) active (c) broad
(d) entirely (e) downtown (f) economic
(g) huge (h) mainly (i) brief
(j) full-time

形容詞・副詞
Adjectives/Adverbs
Check! pp. 98~99

40

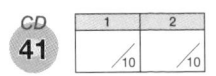

日本語訳を参考にして、英文の空欄に入る単語を下の選択肢から選んで記号を書いてください。

1. The platform was very [　　　].
   駅のホームはとても混雑していた。

2. This seat is [　　　].
   この席は空いています。

3. The price is [　　　] to change.
   価格は変化を受けやすい（＝変動することがある）。

4. I need [　　　] advice.
   法的助言がほしい。

5. We need a [　　　] contract.
   私たちは長期契約を必要としている。

6. We need a lot of [　　　] workers.
   当社では多くの短期労働者を必要としています。

7. My schedule is too [　　　].
   私のスケジュールはつまりすぎだ。

8. This is my [　　　] address.
   これが私の現在の住所です。

9. This shirt is [　　　].
   このシャツは時代遅れです。

10. The key to the locker is [　　　].
    そのロッカーの鍵がない。

選択肢
(a) crowded　　(b) present　　(c) long-term
(d) subject　　(e) vacant　　(f) short-term
(g) missing　　(h) legal　　(i) out-of-date
(j) tight

形容詞・副詞
Adjectives/Adverbs

41

日本語訳を参考にして、英文の空欄に入る単語を下の選択肢から選んで記号を書いてください。

1. The reason of the accident is [　　　].
   その事故の理由は不明です。

2. Our company rules are very [　　　].
   当社の社則は非常に厳しい。

3. He is [　　　] with the result.
   彼は結果に満足している。

4. Don't get [　　　].
   緊張しないで。

5. I was [　　　] with the news.
   私はその知らせに驚いた。

6. Your mother was [　　　] about you.
   お母さんがあなたのことを心配していましたよ。

7. This room is not [　　　] for meetings.
   この部屋はミーティングに適していない。

8. Please come back [　　　].
   生きて帰ってきてください。

9. My dog needs [　　　] care.
   うちの犬は治療を必要としている。

10. I was [　　　] to reach him.
    私は彼に連絡を取ることができなかった。

選択肢
(a) worried　(b) unable　(c) strict
(d) medical　(e) unknown　(f) suitable
(g) nervous　(h) satisfied　(i) surprised
(j) alive

形容詞・副詞

Adjectives/Adverbs

Check! pp. 102~103

42

日本語訳を参考にして、英文の空欄に入る単語を下の選択肢から選んで記号を書いてください。文頭に来る単語も選択肢の中ではすべて小文字で始まっています。

1. My work is not [　　　].
   私の仕事は価値のあるものではない。

2. I [　　　] cook myself.
   私はほとんど自分で料理をすることはない。

3. [　　　], I didn't like him.
   最初、私は彼のことが好きではありませんでした。

4. That causes an [　　　] cost.
   それは追加の経費を発生させます。

5. The rain started [　　　].
   突然、雨が降り出した。

6. My dog is always [　　　] to go out.
   うちの犬はいつでも外へ出たいと思っている。

7. Go [　　　].
   下の階へ行きなさい。

選択肢

(a) additional　　(b) worthwhile　　(c) suddenly
(d) hardly　　　　(e) initially　　　(f) downstairs
(g) willing

形容詞・副詞
Adjectives/Adverbs

Check! pp. 104~105

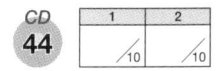

43

日本語訳を参考にして、英文の空欄に入る単語を下の選択肢から選んで記号を書いてください。

1. His new office is [   ].
   彼の新しい事務所はすばらしい。

2. The food was [   ].
   料理はすばらしかった。

3. His attitude was [   ].
   彼の態度はひどかった。

4. It is a [   ] surprise.
   それはうれしい驚きです。

5. Everybody was [   ] about the news.
   だれもがその知らせに興奮した。

6. The design is very [   ].
   そのデザインはとても魅力的です。

7. This actor is [   ] among women.
   この俳優は女性に人気があります。

8. I'm [   ] with this game.
   このゲームには飽きた。

9. You should stay [   ].
   落ち着いたままでいるべきです（＝あわてないでください）。

10. The coffee shop was [   ].
    その喫茶店は閉まっていた。

選択肢
(a) terrible   (b) fantastic   (c) closed
(d) bored   (e) attractive   (f) pleasant
(g) terrific   (h) popular   (i) calm
(j) excited

形容詞・副詞
Adjectives/Adverbs

Check! pp. 106~107

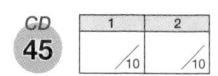

44

日本語訳を参考にして、英文の空欄に入る単語を下の選択肢から選んで記号を書いてください。

1. My room is [　　].
   私の部屋は汚い。

2. He has [　　] opinions.
   彼は極端な意見を持っている。

3. This chemical is [　　].
   この化学薬品は無害です。

4. We are [　　] of our products.
   私たちは自社の製品に誇りを持っています。

5. We [　　] see our president.
   私たちが社長に会うことはめったにない。

6. I [　　] watch TV.
   私はほとんどテレビを見ない。

7. His new book is very [　　].
   彼の書いた新しい本は分厚い。

8. The new computer is very [　　].
   その新型コンピュータはとても薄い。

9. He was [　　] at that time.
   彼はそのとき寝ていました。

10. It was [　　] early in the morning.
    早朝は霧が深かった。

選択肢
(a) proud　　(b) extreme　　(c) foggy
(d) dirty　　(e) thin　　(f) thick
(g) harmless　　(h) rarely　　(i) asleep
(j) seldom

イディオム
Idioms

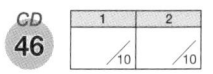

45

日本語訳を参考にして、英文の空欄に入る単語を下の選択肢から選んで記号を書いてください。文頭に来る単語も選択肢の中ではすべて小文字で始まっています。

1. [　　　] the weather forecast, it will snow tonight.
   天気予報によると、今夜は雪が降るようです。

2. [　　　], he was fired.
   結果として、彼はくびになった。

3. He is [　　　] our boss.
   彼はもう私たちの上司ではありません。

4. He sees [　　　] 10 clients a day.
   彼は少なくても一日に10人の顧客に会う。

5. [　　　], he will be fired.
   遅かれ早かれ、彼はくびになるだろう。

6. Finish the work [　　　].
   その仕事をできるだけ早く終えなさい。

7. I'll do that [　　　].
   すぐにそれをやります。

8. Should I call the client [　　　]?
   そのお客さんにはいますぐ電話をすべきですか。

9. [　　　], this will clean the air.
   同時に、これは空気をきれいにします。

10. He was looking for his glasses [　　　].
    彼は長いこと、自分のメガネを探していた。

選択肢

(a) right now　　(b) for a long time　　(c) according to
(d) at the same time　　(e) as soon as possible　　(f) at least
(g) right away　　(h) as a result　　(i) sooner or later
(j) no longer

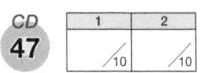

イディオム
Idioms
Check! pp. 112~113

46

日本語訳を参考にして、英文の空欄に入る単語を下の選択肢から選んで記号を書いてください。文頭に来る単語も選択肢の中ではすべて小文字で始まっています。

1. He [　　　　] come back at 3:00.
   彼は3時に戻ってくることになっています。

2. When did the accident [　　　　]?
   その事故はいつ起きたのですか。

3. Mary [　　　　] an excellent idea.
   メアリーはすばらしい案を思いついた。

4. I can't [　　　　] those people.
   ああいった人たちとはつき合えない。

5. I couldn't [　　　　] his explanation.
   私は彼の説明を理解することができませんでした。

6. It [　　　　] the situation.
   それは状況次第です。

7. There were [　　　　] mistakes.
   間違いがいくつかありました。

8. [　　　　] people came to the party.
   多くの人がパーティに来ました。

9. She can speak Chinese [　　　　] English.
   彼女は英語同様、中国語も上手に話せます。

10. The game was canceled [　　　　] the snow.
    その試合は雪のために中止となりました。

選択肢

(a) figure out　　(b) as well as　　(c) due to
(d) is supposed to　(e) deal with　　(f) take place
(g) a few　　(h) came up with　(i) a number of
(j) depends on

47 イディオム Idioms

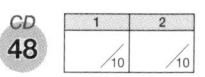

日本語訳を参考にして、英文の空欄に入る単語を下の選択肢から選んで記号を書いてください。文頭に来る単語も選択肢の中ではすべて小文字で始まっています。

1. [　　　] the accident, the plane landed safely.
   その事故があったにもかかわらず、飛行機は無事に着陸した。

2. Read novels [　　　] comics.
   漫画ではなく小説を読みなさい。

3. You need to [　　　] this form.
   あなたはこの用紙に必要事項を記入する必要があります。

4. Let's [　　　] the financial issue.
   財政面の問題に焦点をあてましょう。

5. I [　　　] the summer vacation.
   夏休みが楽しみだ。

6. I'd like to [　　　] you within a day.
   一日以内にあなたから連絡をいただきたいと思います。

7. [　　　], you can get a discount.
   それに加えて、値引きもしてもらえますよ。

8. Who's [　　　] accounting?
   経理の責任者はだれですか。

9. I'll [　　　] the marathon race.
   私はそのマラソンレースに参加します。

10. I'm [　　　] a Swiss company.
    私はスイスの会社に勤めています。

選択肢

(a) in addition　(b) fill out　(c) in spite of
(d) take part in　(e) focus on　(f) instead of
(g) in charge of　(h) look forward to　(i) working for
(j) hear from

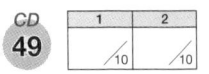

イディオム
Idioms
Check! pp. 116~117

48

日本語訳を参考にして、英文の空欄に入る単語を下の選択肢から選んで記号を書いてください。

1. Our company doesn't [　　　] a single person.
   当社は1人の社員も解雇しません。

2. What are you [　　　]?
   何を探しているのですか。

3. One hundred people are [　　　] this project.
   100人の人たちがこのプロジェクトに関わっている。

4. We [　　　] meet the deadline.
   私たちはなんとか締切に間に合いました。

5. Our plane [　　　] on time.
   私たちの乗った飛行機は時刻通り離陸しました。

6. How much is a [　　　] ticket?
   往復のチケットはいくらですか。

7. Is he [　　　] now?
   彼はいま休暇中ですか。

8. Can I [　　　] these pants?
   このズボンを試着してもいいですか。

9. Many people were [　　　] at the restaurant.
   そのレストランには多くの人が並んで待っていた。

10. Tomatoes are [　　　] today.
    今日は（セールで）トマトが安い。

選択肢

(a) round trip　　(b) managed to　　(c) lay off
(d) took off　　(e) on sale　　(f) on vacation
(g) looking for　　(h) waiting in line　　(i) working on
(j) try on

イディオム
Idioms

Check! pp. 118~119

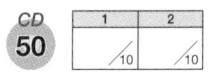

49

日本語訳を参考にして、英文の空欄に入る単語を下の選択肢から選んで記号を書いてください。文頭に来る単語も選択肢の中ではすべて小文字で始まっています。

1. I'm [　　　] go to Europe.
   私はヨーロッパに行く予定です。

2. How can I [　　　] you tomorrow?
   あなたには明日どうやって連絡をとることができますか。

3. Don't [　　　] now.
   いま電話を切らないでください。

4. [　　　] know the details?
   詳しいことを知りたいですか。

5. [　　　] speaking more slowly?
   もう少しゆっくりと話していただいてもいいでしょうか。

6. I [　　　] going out for a beer.
   ビールを飲みに行きたい気分です。

7. I [　　　] say this, but you're fired.
   これは言いたくありませんが、あなたはくびです。

8. [　　　] ask me any question.
   遠慮なく質問してください。

9. I can say this [　　　].
   このことは確実に言えます。

10. I can't answer the phone [　　　].
    いまは電話に出られません。

選択肢

(a) feel free to　　(b) planning to　　(c) would you mind
(d) hang up　　(e) get in touch with　　(f) at the moment
(g) feel like　　(h) would you like to　　(i) hate to
(j) for sure

イディオム
Idioms

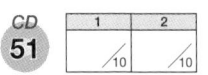

1. I don't need help [   ].
   私はいまのところ、手助けを必要とはしていません。

2. [   ], we've set up a new company.
   実は、私たちは新しい会社を立ち上げたのです。

3. This is [   ] charity.
   これは一種の慈善行為です。

4. A red car is parked [   ] the gate.
   門の前に赤い車がとまっています。

5. [   ], we will buy that company.
   手短に言うと、当社はその会社を買収するということです。

6. [   ], we are losing money.
   言い換えると、当社は損を出しているのです。

7. [   ], I don't like its color.
   特にその色が気に入りません。

8. The parking lot was [   ] bicycles.
   その駐輪場は自転車でいっぱいだった。

9. Please [   ] the radio.
   ラジオの音を小さくしてください。

10. You should [   ] the TV at 8 o'clock.
    テレビは8時に消さなくてはいけませんよ。

選択肢
(a) turn down (b) in short (c) a kind of
(d) for now (e) turn off (f) in particular
(g) as a matter of fact (h) full of (i) in front of
(j) in other words

イディオム
Idioms

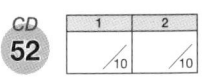

51

日本語訳を参考にして、英文の空欄に入る単語を下の選択肢から選んで記号を書いてください。文頭に来る単語も選択肢の中ではすべて小文字で始まっています。

1. Can you [　　　] the printer?
   プリンターの電源を入れてくれますか。

2. Typhoons came [　　　].
   台風が次から次へとやって来た。

3. We helped [　　　].
   私たちはお互いに助け合いました。

4. I'm really [　　　].
   私はほんとうに調子が悪い。

5. [　　　] a coat. It's snowing.
   コートを着なさい。雪が降っていますよ。

6. I bought [　　　] glasses at the shop.
   私はその店でメガネを1本買いました。

7. We've [　　　] salt.
   塩が切れた。

8. The car is [　　　] gasoline.
   その車はガソリンが残り少なくなってきています。

9. Let's [　　　] a beer.
   まずビールから始めましょう。

10. Can I [　　　] the convenience store?
    コンビニエンスストアに寄ってもいいですか。

選択肢

(a) run out of   (b) stop by   (c) turn on
(d) running short of   (e) one after another   (f) start with
(g) out of shape   (h) one another   (i) a pair of
(j) put on

イディオム Idioms

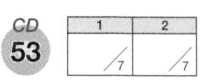

日本語訳を参考にして、英文の空欄に入る単語を下の選択肢から選んで記号を書いてください。

1. Don't [   ] those batteries.
   その電池を捨てないでください。

2. I'll [   ] at the airport.
   あなたを空港で拾いますよ（＝空港まで車で迎えに行きますよ）。

3. They spent [   ] one million yen at pachinko.
   彼らはパチンコで合計100万円使った。

4. Children can enter the zoo [   ].
   子どもはその動物園に無料で入れます。

5. Ichiro will become a manager [   ].
   イチローは将来監督になるだろう。

6. This job needed 10 people [   ].
   この仕事はかつて10人の人を必要としていました。

7. Hurry. We're [   ].
   急いでください。予定より遅れています。

選択肢
(a) free of charge (b) pick you up (c) throw away
(d) behind schedule (e) in the future (f) a total of
(g) in the past

53 イディオム Idioms

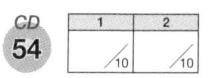

日本語訳を参考にして、英文の空欄に入る単語を下の選択肢から選んで記号を書いてください。文頭に来る単語も選択肢の中ではすべて小文字で始まっています。

1. [   ], use a different tool.
   その場合には、別の道具を使いなさい。

2. This steak is [   ] 50 grams.
   このステーキは50グラム未満だ。

3. [   ] 1,000 people came to the party.
   1,000人を超える人たちがそのパーティに来ました。

4. [   ], I am out of work.
   ほんとうは、私、失業しているんです。

5. The president is [   ] Hawaii.
   社長はいまハワイに向かっているところです。

6. I was [   ] all day yesterday.
   私は昨日一日中家にいました。

7. I was sleeping [   ] today.
   私は今日一日中眠っていた。

8. The flower pot is [   ] the table.
   その花瓶はテーブルの中央にある。

9. I [   ] physics.
   私は物理を専攻しました。

10. The battery lasts for three days [   ].
    その電池はせいぜい3日しかもたない。

選択肢

(a) on his way to   (b) at best   (c) to tell you the truth
(d) in that case   (e) at home   (f) at the center of
(g) less than   (h) majored in   (i) more than
(j) all day

練習問題解答

01	(1) a	(2) h	(3) e	(4) i	(5) d
	(6) j	(7) f	(8) b	(9) c	(10) g
02	(1) f	(2) a	(3) h	(4) i	(5) d
	(6) g	(7) j	(8) c	(9) b	(10) e
03	(1) e	(2) a	(3) h	(4) d	(5) i
	(6) c	(7) f	(8) j	(9) b	(10) g
04	(1) a	(2) g	(3) b	(4) i	(5) d
	(6) j	(7) f	(8) c	(9) h	(10) e
05	(1) i	(2) j	(3) a	(4) g	(5) h
	(6) e	(7) f	(8) b	(9) d	(10) c
06	(1) d	(2) c	(3) g	(4) j	(5) f
	(6) h	(7) a	(8) i	(9) b	(10) e
07	(1) c	(2) b	(3) h	(4) e	(5) g
	(6) a	(7) j	(8) i	(9) f	(10) d
08	(1) g	(2) a	(3) i	(4) d	(5) h
	(6) c	(7) j	(8) f	(9) b	(10) e
09	(1) e	(2) h	(3) g	(4) a	(5) d
	(6) b	(7) c	(8) i	(9) f	
10	(1) a	(2) d	(3) g	(4) j	(5) i
	(6) f	(7) c	(8) h	(9) e	(10) b
11	(1) h	(2) a	(3) b	(4) e	(5) j
	(6) d	(7) i	(8) g	(9) c	(10) f
12	(1) a	(2) f	(3) d	(4) h	(5) c
	(6) j	(7) g	(8) b	(9) e	(10) i
13	(1) c	(2) h	(3) b	(4) g	(5) j
	(6) a	(7) f	(8) e	(9) i/d	(10) d/i
14	(1) e	(2) d	(3) h	(4) b	(5) j
	(6) c	(7) g	(8) i	(9) a	(10) f
15	(1) b	(2) d	(3) h/i	(4) i/h	(5) f
	(6) e	(7) g	(8) a	(9) j	(10) c
16	(1) e	(2) g	(3) a	(4) d	(5) h
	(6) i	(7) f	(8) c	(9) j	(10) b
17	(1) d	(2) c	(3) f	(4) i	(5) e
	(6) h	(7) a	(8) g	(9) b	

18	(1) i	(2) d	(3) j	(4) h	(5) e					
	(6) c	(7) b	(8) g	(9) a	(10) f					
19	(1) d/c	(2) c/d	(3) a	(4) g	(5) j					
	(6) b	(7) f	(8) h	(9) i	(10) e					
20	(1) d	(2) c	(3) f	(4) e	(5) i					
	(6) j	(7) a	(8) h	(9) b	(10) g					
21	(1) h	(2) d	(3) g	(4) e	(5) a					
	(6) j	(7) c	(8) i	(9) b	(10) f					
22	(1) e	(2) a	(3) d	(4) g	(5) h					
	(6) b	(7) f	(8) c							
23	(1) a	(2) f	(3) e	(4) i	(5) d					
	(6) h	(7) j	(8) c	(9) b	(10) g					
24	(1) d	(2) i	(3) c	(4) h	(5) j					
	(6) e	(7) b	(8) g	(9) a	(10) f					
25	(1) d	(2) e	(3) j/c	(4) c/j	(5) h					
	(6) b	(7) g	(8) a	(9) i	(10) f					
26	(1) j/e	(2) e/j	(3) a	(4) i	(5) d					
	(6) h	(7) f	(8) b	(9) c	(10) g					
27	(1) i	(2) j	(3) e	(4) h	(5) f					
	(6) b	(7) g	(8) c	(9) a	(10) d					
28	(1) e	(2) h	(3) j	(4) a/i	(5) i/a					
	(6) g	(7) d	(8) f	(9) c	(10) b					
29	(1) d	(2) h	(3) j	(4) c	(5) i					
	(6) b	(7) f	(8) g	(9) a	(10) e					
30	(1) f	(2) d	(3) i	(4) g	(5) j					
	(6) e	(7) c	(8) h	(9) a	(10) b					
31	(1) c	(2) g	(3) f	(4) j	(5) b					
	(6) i	(7) e	(8) a	(9) h	(10) d					
32	(1) c	(2) a	(3) e	(4) d	(5) g					
	(6) f	(7) b								
33	(1) e	(2) d	(3) a/i/j	(4) i/a/j	(5) j/a/i					
	(6) g	(7) c	(8) b	(9) f	(10) h					
34	(1) d	(2) e	(3) b	(4) g	(5) a					
	(6) c	(7) f								
35	(1) g	(2) c	(3) i	(4) d	(5) a					
	(6) f	(7) j	(8) h	(9) e	(10) b					

36	(1) g	(2) c	(3) i	(4) b	(5) j	(6) e	(7) h	(8) f	(9) a	(10) d
37	(1) d	(2) b	(3) g	(4) e	(5) i	(6) h	(7) j	(8) a	(9) f	(10) c
38	(1) c	(2) b	(3) f	(4) h	(5) a	(6) e	(7) g	(8) d		
39	(1) b	(2) f	(3) e	(4) j	(5) d	(6) h	(7) i	(8) a	(9) c	(10) g
40	(1) a	(2) e	(3) d	(4) h	(5) c	(6) f	(7) j	(8) b	(9) i	(10) g
41	(1) e	(2) c	(3) h	(4) g	(5) i	(6) a	(7) f	(8) j	(9) d	(10) b
42	(1) b	(2) d	(3) e	(4) a	(5) c	(6) g	(7) f			
43	(1) b/g	(2) g/b	(3) a	(4) f	(5) j	(6) e	(7) h	(8) d	(9) i	(10) c
44	(1) d	(2) b	(3) g	(4) a	(5) h/j	(6) j/h	(7) f	(8) e	(9) i	(10) c
45	(1) c	(2) h	(3) j	(4) f	(5) i	(6) e	(7) g/a	(8) a/g	(9) d	(10) b
46	(1) d	(2) f	(3) h	(4) e	(5) a	(6) j	(7) g	(8) i	(9) b	(10) c
47	(1) c	(2) f	(3) b	(4) e	(5) h	(6) j	(7) a	(8) g	(9) d	(10) i
48	(1) c	(2) g	(3) i	(4) b	(5) d	(6) a	(7) f	(8) j	(9) h	(10) e
49	(1) b	(2) e	(3) d	(4) h	(5) c	(6) g	(7) i	(8) a	(9) j	(10) f
50	(1) d	(2) g	(3) c	(4) i	(5) b	(6) j	(7) f	(8) h	(9) a	(10) e
51	(1) c	(2) e	(3) h	(4) g	(5) j	(6) i	(7) a	(8) d	(9) f	(10) b
52	(1) c	(2) b	(3) f	(4) a	(5) e	(6) g	(7) d			
53	(1) d	(2) g	(3) i	(4) c	(5) a	(6) e	(7) j	(8) f	(9) h	(10) b